Kornnattern

Wolfgang Schmidt

51 Farbabbildungen
11 Zeichnungen

Terrarien Bibliothek
Natur und Tier - Verlag

Inhaltsverzeichnis

Vorwort 4

Charakteristika der Kornnattern

1. Stammesgeschichte und Systematik 6
2. Warum die Kornnatter Kornnatter heißt 7
3. *Elaphe guttata* und ihre Unterarten 9
    3.1 *Elaphe guttata guttata* 9
    3.2 *Elaphe guttata emoryi* 12
    3.3 *Elaphe guttata rosacea* 14
4. Verbreitung und Lebensraum 16
5. Besonderheiten von *Elaphe guttata* 22
    5.1 Anmerkungen zum Körperbau 22
    5.2 Fortbewegung 23
    5.3 Haut, Färbung und Häutung 26
    5.4 Sinnesorgane 31
        5.4.1 Geruch 31
        5.4.2 Augen 32
        5.4.3 Gehör 34
6. Aktivität und Verhalten 35

Kornnattern im Terrarium

7. Das richtige Terrarium 37
    7.1 Terrarientechnik 41
8. Ernährung 43
    8.1 Mäusezucht 47
9. Überwinterung 48
10. Fortpflanzung 50
11. Trächtigkeit, Eiablage und Eientwicklung 54
    11.1 Der Inkubator 57

Inhaltsverzeichnis

12. Schlupf und Aufzucht 58

13. Farbvariationen und Zuchtformen 64

    13.1 Übersicht der gebräuchlichen amerikanischen Bezeichnungen 74

14. Krankheiten 76

    14.1 Quarantäne 76

    14.2 Häutungsprobleme 78

    14.3 Außenparasiten 79

    14.4 Verletzungen 81

    14.5 Maulfäule 81

    14.6 Legenot 82

15. Danksagung 84

16. Literatur 85

Titelbild: *Elaphe guttata guttata* (B. Love/Blue Chameleon Ventures)
Titelbild Hintergrund: *Elaphe guttata*; „Sunglow" (B. Love/Blue Chameleon Ventures)
Foto Seite fünf: *Elaphe guttata guttata* (Matthias Schmidt)

Die in diesem Buch enthaltenen Angaben, Ergebnisse, Dosierungsanleitungen etc. wurden vom Autor nach bestem Wissen erstellt und sorgfältig überprüft. Da inhaltliche Fehler trotzdem nicht völlig auszuschließen sind, erfolgen diese Angaben ohne jegliche Verpflichtung des Verlages oder des Autors. Beide übernehmen daher keine Haftung für etwaige inhaltliche Unrichtigkeiten.

Alle Rechte, insbesondere das Recht der Vervielfältigung und Verbreitung sowie der Übersetzung, vorbehalten. Kein Teil des Werkes darf in irgendeiner Form (Druck, Fotokopie, Mikrofilm oder andere Verfahren) ohne schriftliche Genehmigung des Verlages reproduziert oder unter Verwendung elektronischer Systeme verarbeitet, gespeichert oder vervielfältigt werden.

1. Auflage 1995
2. Auflage 1999
3. Auflage 2002
4. Auflage 2004
5. Auflage 2005
6. Auflage 2008
7. Auflage 2010

ISBN 978-3-931587-01-7

© Natur und Tier - Verlag GmbH
An der Kleimannbrücke 39/41
48157 Münster
Geschäftsführung: Matthias Schmidt
Druck: Alföldi, Debrecen

Vorwort

Schlangen gehören für die meisten Menschen zu den faszinierendsten Lebewesen überhaupt, doch äußert sich diese Faszination auf recht unterschiedliche Art und Weise. Für die einen verbreiten die Schlangen nur Angst und Schrecken. Sie sehen in ihnen abstoßende Tiere mit glitschiger Haut, die sich als hinterlistige Jäger an ihr ahnungsloses Opfer heranschleichen, um blitzschnell zuzustoßen und ihre Beute dann langsam zu erdrosseln. Dies ist wohl die am weitesten verbreitete Meinung über Schlangen. Daher verwundert es auch nicht, daß sich so viele Mythen und Legenden um diese Tierordnung ranken. Man denke nur an den Sündenfall in der Bibel. Kaum einem anderen Lebewesen werden so viele irrationale Ängste entgegengebracht wie der Schlange.

Ganz anders verhält es sich bei den Menschen, die die Schlangen nicht als abstoßende Wesen betrachten. Sie sind fasziniert von der Eleganz und gefesselt vom interessanten Verhalten dieser höchst erstaunlichen Tiere. So haben die Schlangen in Wirklichkeit eine glatte, straffe und lederartige Haut. Ihr Jagdverhalten ist keine besondere Form von Hinterlist, sondern eine hohe Anpassung an ihre spezielle Art des Beutefangs.

Kornnattern gehören sicherlich zu den farblich attraktivsten Schlangen der Erde. Sie zeigen auf grauem oder braunem Grund häufig eine wunderschöne kräftige, oft rote Fleckenzeichnung. Daneben sind aber auch noch zahllose weitere Farbvarianten bekannt. Es handelt sich bei dieser Schlangenart um eher ruhige und sehr verträgliche Tiere. Lediglich Babys oder Wildfänge können anfangs etwas bissig sein. Die Kornnattern, die in der Natur ein extrem großes Verbreitungsgebiet und dadurch auch die unterschiedlichsten Biotope bewohnen, leben sich schnell und fast immer problemlos in ihrem Terrarium ein. Da sie in ihren Pflegeansprüchen recht bescheiden sind und sich im Terrarium regelmäßig und leicht vermehren lassen, stellen sie die idealen Terrarienbewohner unter den Schlangen dar. Aufgrund des großen Angebotes an Nachzuchten ist diese Art überall im Zoofachhandel und bei Schlangenliebhabern erhältlich, so daß auf eine Entnahme aus der Natur in der Regel verzichtet werden kann. Kurz gesagt, Kornnattern sind allen Einsteigern in die Terraristik wie auch erfahrenen Terrarianern rundum zu empfehlen.

Dieses Buch will die Art *Elaphe guttata,* die Kornnatter, vorstellen und wichtige Angaben zur Haltung und Zucht geben.

Wolfgang Schmidt

Systematik

1. Stammesgeschichte und Systematik

Der Zeitpunkt, wann sich die Schlangen zu einer eigenständigen Reptilienordnung entwickelt haben, läßt sich heute nicht mehr genau rekonstruieren. Man weiß nur, daß sie gemeinsame Vorfahren mit den Echsen hatten. Daher stellt diese Reptilienordnung auch heute noch den nächsten Verwandten dar. Gemeinsam bilden beide die Gruppe der Schuppenkriechtiere (Squamata).

Man nimmt an, daß die Trennung (Echsen/Schlangen) etwa vor 100-135 Millionen Jahren, also während der Kreidezeit erfolgte. Einige Autoren gehen sogar davon aus, daß sie vor bis zu 155 Millionen Jahren, also bereits im oberen Jura stattgefunden hat. Ihre Vorfahren waren wahrscheinlich halb Wasser-, halb Grabtiere, die im Schlamm lebten. Im Laufe der Evolution haben die Schlangen ihre "kriechende" Fortbewegungsweise sowie ihre besondere Art zu jagen geradezu perfektioniert.

Die ältesten fossilen Schlangenfunde sind etwa 96-100 Millionen Jahre alt (mittlere Kreide) und stammen aus Algerien. Die ältesten Fossilien einer Natter sind etwa 40 Millionen Jahre alt und stammen aus den geologischen Schichten des Eozäns in Thailand. Heute findet man unter den Echsengruppen die Varanidae und Scincomorpha, die die nächsten noch lebenden Reptilienverwandten der Schlangen darstellen.

Übersicht über die systematische Einordnung der Kornnattern:

Ordnung	Ophidia (Schlangen)
Unterordnung	Alethinophidia
Überfamilie	Colubroidea
Familie	Colubridae (Nattern)
Gattung	*Elaphe* (Kletternattern)
Art	*Elaphe guttata* (Kornnatter)
Unterarten	*Elaphe guttata guttata* (Kornnatter) *Elaphe guttata emoryi* (Emorys Kornnatter) *Elaphe guttata rosacea* (Rote Kornnatter)

Die Kornnattern sind Angehörige der Natternartigen (Überfamilie *Colubroidea*), zu denen etwa 2950 Schlangenarten gehören, insgesamt also etwa 85% aller bekannten Spezies. Sie zeichnen sich dadurch aus, daß sie im Laufe der Evolution den Beckengürtel vollständig zurückentwickelt haben und daß daß der Oberkiefer ausgesprochen beweglich und der Unterkiefer dehnbar geworden ist.

Die Familie der Nattern (*Colubridae*) besteht aus 1650 Arten und etwa 300 Gattungen. Die Abgrenzung erfolgt vor allem aufgrund fehlender typischer Merkmale der anderen Familien. So sind Nattern häufig tagaktiv, sie besitzen runde Pupillen sowie eine mittelgroße Anzahl von Zähnen, die auf zahntragenden Knochen sitzen.

Innerhalb dieser riesigen Familie gehören die Kornnattern zur Gattung *Elaphe*

(FITZINGER, 1833), den sogenannten Kletternattern. Bei dieser Gattung handelt es sich in der Regel um mittelgroße Schlangen mit einer speziellen Bauchbeschuppung. Die Bauchschilder sind seitlich umgebogen, so daß sie eine leichte Kante bilden, die als Kletterhilfe dient und eine Anpassung an die kletternde Lebensweise darstellt, der die Gattung auch ihren Namen verdankt. In der Gattung *Elaphe* sind über 30 Arten aus Mittel- und Südeuropa, Asien sowie Mittel- und Südamerika zusammengefaßt. Daher bezeichnen manche Wissenschaftler sie auch als unnatürliche Sammelgattung. Einige Arten wurden bereits in der letzten Zeit abgespalten. So heißt *Elaphe rosaliae* heute *Bogertophis*, *Elaphe subocularis Bogertophis subocularis*, *Elaphe oxycephala Gonyosoma oxycephala* und *Elaphe triaspis Senticolis triaspis*.

2. Warum die Kornnatter Kornnatter heißt

Auf den ersten Blick erscheint die deutsche Bezeichnung für die so ansprechend gezeichneten Kletternattern eher ungewöhnlich. Wissen wir doch, daß die Tiere ein ausgesprochen weites Verbreitungsgebiet bewohnen, das von Feuchtzonen bis hin zu Trockensavannen reicht. Woher kommt da der Name Kornnatter?

Die Antwort ist bereits in den frühen Jahren der amerikanischen Besiedlung zu suchen. Angelockt durch die hohe Futterkonzentration in der Nähe der Ortschaften, konnten die Schlangen schon von den ersten Siedlern des nordamerikanischen

Kontinents bei der Jagd nach Mäusen und anderen Kleinnagern beobachtet werden. Besonders häufig fand man die Nattern in den Kornfeldern und Getreidesilos. Was lag da näher, als den Tieren den Namen Kornnatter (Corn snake) zu geben.

Eine weitere mögliche Erklärung für die Namensgebung wird von dem schwarzweißen Zeichenmuster der Bauchseite abgeleitet. Dieses erinnert in seiner Anordnung an die auf einem Maiskolben sitzenden Körner.

Ein ebenfalls in den USA gebräuchlicher Name ist "Rote Rattenschlange" (Red Rat

Bezeichnungen

Snake) und ist angesichts des bevorzugten Beutetieres großer Exemplare abgeleitet worden.

Speziell in amerikanischen herpetologischen Schriften finden sich zahllose weitere Bezeichnungen für *Elaphe guttata*. Ich möchte hier eine Auswahl an Namen vorstellen, die in Amerika für die Kornnatter gebräuchlich sind: Beech Snake, Bead Snake, Brown Sedge Snake, Chicken Snake, Fox Snake, House King Snake, Mole Catcher, Mouse Snake, North American Corn Snake, Pine Snake, Red Chicken Snake, Red Coluber, Red Racer, Red Snake, Scarlet Snake, Scarlet Racer, Spotted Coluber, Spotted Snake, Red Viper, Key West Rat Snake, Brown Rat Snake, Eastern Spotted Snake, Emory's Coluber, Emory's Racer, Emory's Rat Snake, Grey Rat Snake, Prairie Rat Snake, Spotted Mouse Snake, Texas Rat Snake und Western Pilot Snake.

Durch ihr häufiges Vorkommen in Maisanbaugebieten hat die Kornnatter ihren Namen erhalten.
Foto: Matthias Schmidt

3. *Elaphe guttata* und ihre Unterarten

Die systematische Einordnung von *Elaphe guttata* ist heute nicht mehr strittig. Zwar führten WRIGHT & WRIGHT (1957) in ihrem zweibändigen Werk "Handbook of Snakes of the United States and Canada" noch die Emorys Kornnatter als eigene Art *Elaphe emoryi* auf, doch ordnete CONANT sie bereits 1975 wieder als *Elaphe guttata emoryi* ein, so daß die Kornnatter insgesamt in drei Unterarten unterteilt wird. Diese Unterarten sind *Elaphe guttata emoryi* (BAIRD & GIRAND, 1853), gebildet aus *Elaphe emoryi emoryi* und *Elaphe emoryi intermontana* nach WRIGHT & WRIGHT (1957), sowie natürlich die Nominatform *Elaphe guttata guttata* (LINNAEUS, 1766) und die Rote Kornnatter *Elaphe guttata rosacea*, COPE 1888.

Die drei Unterarten haben bis heute ihre Gültigkeit behalten, obwohl derzeit an der Abgrenzung einer weiteren gearbeitet wird. Sie sollen hier der Reihe nach vorgestellt werden.

3.1 *Elaphe guttata guttata* (LINNAEUS, 1766), die Kornnatter

Die Nominatform erreicht eine maximale Körperlänge von fast 190 cm. Das größte Exemplar wird mit 189,2 cm angegeben, doch werden die Tiere im Durchschnitt nur etwa 76-122 cm lang.

Ihre Körperbeschuppung besteht aus glatten, sich dachziegelartig überlappenden Schuppen. Diese sind in der Regel in 27, seltener in 29 Reihen schräg versetzt angeordnet. Schwach gekielte Schuppen finden sich nur in etwa fünf Reihen entlang der Rückenmitte.

Das trapezförmige Stirnschild ist etwas länger als breit und gewöhnlich etwas kürzer als die Schnauze. Die weitere Kopfbeschuppung besteht aus ein bis zwei Augenschildern, zwei bis drei Schläfenschildern und acht Oberlippenschildern, von denen jeweils das vierte und fünfte den Augenrand berühren. Weiterhin finden sich noch 11 oder 12 Unterlippenschilder, von denen fünf die vorderen Kinnschilder berühren.

Die Anzahl der Schwanzschilder beträgt 61-79 Stück. *Elaphe guttata* trägt zwischen 215 und 240 Bauchschilder, die wie bei allen Kletternattern an den Seiten kantig und kielartig angeordnet sind. Diese fortlaufende Längsreihe ergibt eine Bauchkante, mit deren Hilfe sich die Schlange sehr gut auf der rauhen Rinde der Bäume halten und so bis in die äussersten Spitzen vorstoßen kann.

Die Färbung der Kornnatter ist sehr variabel. Ich möchte hier die häufigsten, auch als typisch bezeichneten Varianten beschreiben. Die übrigen Farbschläge und Züchtungen werden im Kapitel 13 "Farbvarianten und Zuchtformen" vorgestellt.

Die Grundfärbung der Kornnatter reicht im Rückenbereich von einem hellen, verwaschenen Rotton über Orange oder Gelborange und helle Brauntöne bis hin zu einem Schiefergrau. Zu den Seiten hellt sich die Färbung zunehmend auf.

Elaphe guttata guttata

Häufig zeigen die Tiere auf den einzelnen Schuppen versetzte, farblich immer etwas dunklere kleinere Flecken. Das eigentliche Muster wird jedoch aus einer gleichmäßig verteilten Fleckenzeichnung gebildet. Diese kann im Rückenbereich dunkelrot, orange oder mahagonibraun sein. In der Regel sind die Flecken schwarz gesäumt und nehmen zu den Seiten und zum Schwanzende hin in ihrer Farbintensität ab. Der Bauch ist schachbrettartig mit schwarzen bis stahlblauen rechteckigen Flecken versehen. Die Grundfärbung der Bauchseite ist in Kopfnähe meist weiß oder weißlich, im hinteren Bereich eher lachsfarben.

Elaphe g. guttata **ist farblich sehr variabel und nur an der Unterseite des Kopfbereiches einheitlich weiß gefärbt.** Fotos: Matthias Schmidt

Elaphe guttata guttata

Charakteristisch für *Elaphe g. guttata* ist die "schachbrettartige" Musterung der Bauchseite.

Diese *Elaphe g. guttata* zeichnet sich durch eine etwas blassere, überwiegend in Brauntönen gehaltene Färbung aus.

Fotos: M. Schmidt

Elaphe g. guttata zeigen sich in kräftigen Rot- oder Orangetönen.

3.2 *Elaphe guttata emoryi* (BAIRD & GIRAND, 1853), die Emorys Kornnatter

Elaphe guttata emoryi erreicht nur eine maximale Gesamtlänge von 153 cm und ist somit die kleinste Kornnatterform. Auch in der Durchschnittslänge liegt sie mit 61-91 cm weit unter der Nominatform.

Die Schuppen sind durchgehend glatt, nur bei einigen Exemplaren können sie schwach gekielt sein. Von der Nominatform läßt sich *Elaphe guttata emoryi* durch die dezentere Färbung leicht unterscheiden. So besteht die Grundfärbung auf der Oberseite aus einem blassen Grau bis Braungrau, auf dem sich eine Reihe olivbrauner, schwarz gesäumter Flecken zeigen. Die Bauchseite ist gelblich bis weiß und besonders im hinteren Abschnitt mit unregelmäßigen dunkelfarbigen Flecken übersät. Die Zahl der dorsalen Flecken variiert sehr stark und liegt im Rumpfbereich zwischen 31 und 50, im Schwanzbereich zwischen 17 und 21 Stück.

Elaphe g. emoryi stammt aus den zentralen USA und dem Nordosten Mexikos.   Foto: Rüdiger Lippe

Elaphe guttata emoryi

Durch ihre dezente Färbung läßt sich *Elaphe g. emoryi* leicht von den anderen Unterarten unterscheiden.
Foto: Bill Love / Glades Herp, Inc.

Neben den bei *Elaphe g. emoryi* vorherrschenden Grautönen können auch bräunlich gefärbte Exemplare vorkommen.
Foto: Rüdiger Lippe

3.3 *Elaphe guttata rosacea* (COPE 1888), die Rote Kornnatter

Die Rote Kornnatter erreicht eine maximale Gesamtlänge von 167,2 cm. Die durchschnittlichen Längenangaben liegen wie bei *Elaphe guttata guttata* zwischen 76 und 122 cm.

Auch diese Unterart ist leichter durch die Färbung als durch die Beschuppung und das Zeichenmuster von den vorherigen Unterarten abzugrenzen. Die Grundfärbung ist bei *Elaphe guttata rosacea* dunkel-beigefarben. Auch fehlen dieser Unterart in aller Regel die schwarzen Färbungsanteile. Die Rückenfleckenzeichnung ist größer und besteht, im Gegensatz zu dem vorherrschenden Zinnoberrot der Nominatform und den eher braunen Farbtönen der Emorys Kornnatter, aus einem Dunkelrot bis zum kräftigen Orange. Die Bauchzeichnung ist im Gegensatz zu *Elaphe guttata guttata* wesentlich undeutlicher ausgeprägt. Besonders auffällig sind die letzten zwei Drittel der Körperunterseite, die sich in einem leuchtenden Orange zeigen.

Elaphe g. rosacea lebt nur auf Key West im Süden Floridas.　　　　　　　　　　Foto: Wolfgang Schmidt

Elaphe guttata rosacea

Die abgebildete *Elaphe g. rosacea* wurde auf Key West fotografiert. Foto: Bill Love / Glades Herp, Inc.

Ein deutliches Unterscheidungsmerkmal zu den anderen Unterarten ist die für *Elaphe g. rosacea* typische rosa- bis orangefarbene Bauchseite. Foto: Bill Love / Glades Herp, Inc.

4. Verbreitung und Lebensraum

Verbreitung: *Elaphe guttata* besitzt ein riesiges Verbreitungsgebiet. Es erstreckt sich über weite Teile des Ostens, des Zentrums und den gesamten Südosten der Vereinigten Staaten von Amerika sowie über den gesamten Nordosten von Mexiko. Dabei verteilt sich das Gebiet auf die drei Unterarten wie folgt:

Elaphe guttata guttata bewohnt den Osten und Südosten der USA. Nachgewiesen ist diese Form bisher für folgende Bundesstaaten: Alabama, Arkansas, Delaware, Georgia, Florida, Kentucky, Louisiana, Maryland, Mississippi, Missouri, Nordkarolina, Südkarolina, New Jersey, Tennessee und Virginia. Die vertikale Ausdehnung des Verbreitungsgebietes der Nominatform reicht von Meeresspiegelhöhe bis auf 1000 Meter.

Elaphe guttata emoryi hingegen bewohnt weite Teile der zentralen USA sowie des Nordostens von Mexiko. Dabei wurde sie

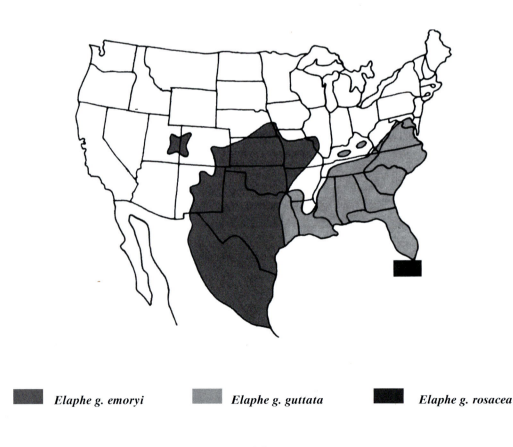

■ *Elaphe g. emoryi* ■ *Elaphe g. guttata* ■ *Elaphe g. rosacea*

in den Vereinigten Staaten in den Bundesstaaten Colorado, New Mexico, Arkansas, Iowa, Illinois, Kansas, Missouri, Nebraska, Oklahoma und Texas nachgewiesen. In Mexiko leben die Emorys Kornnattern hauptsächlich in der Sierra Madre Oriental. Neben diesem geschlossenen Verbreitungsgebiet gibt es noch ein zweites, völlig isoliertes Gebiet, in dem *Elaphe guttata emoryi* gefunden wird. Dieses Verbreitungsgebiet erstreckt sich über Teile von Utah und Colorado. Genauer läßt sich dieses Gebiet als die Täler des Colorado-Flusses beschreiben. *Elaphe guttata emoryi* ist innerhalb ihres Verbreitungsgebietes bis in eine Höhenlage von etwa 2700 Metern nachgewiesen worden.

Elaphe guttata rosacea besitzt das kleinste Verbreitungsgebiet der drei Unterarten. Bisher ist diese Form nur auf Key West im Süden Floridas gefunden worden. Es handelt sich dabei um kleine, der Südküste Floridas vorgelagerte Inseln. Die vertikale Verbreitung erstreckt sich auf nicht mehr als etwa 25 Meter.

Lebensraum: Entsprechend diesem insgesamt riesigen Verbreitungsgebiet bewohnen die Kornnattern die unterschiedlichsten Klimate und Vegetationszonen. Versucht man, ein grobes Schema mit unterartspezifischen Vegetationszonen aufzustellen, so kommt man zu folgendem Ergebnis: Die Nominatform *Elaphe guttata guttata* bewohnt die Zone sommerfeuchter und sommergrüner Laubwälder. *Elaphe guttata emoryi* lebt am Rande dieser Zone, aber hauptsächlich in den sommerwarmen und winterkalten Prärien sowie in Teilen der Trockensavanne und in Halbwüsten. *Elaphe guttata rosacea* be-

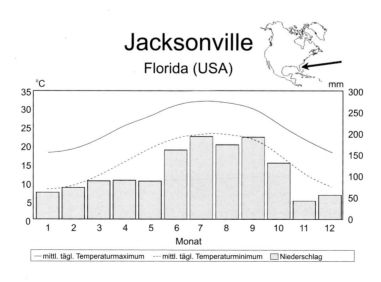

Lebensraum

wohnt auf Key West die sogenannte Zone der feuchten und warmtemperierten Wälder.
Entsprechend unterschiedlich sind auch die Klimabedingungen. So schwanken die Werte im Verbreitungsgebiet von *Elaphe guttata guttata* von Norden nach Süden erheblich. Als Beispiel sei hier Jacksonville in Florida genannt. Die Jahresdurchschnittstemperaturen liegen dort bei 20,8°C, und die mittlere Niederschlagsmenge, auf das Jahr berechnet, liegt bei 1355 mm. Am nördlichen Rand des Verbreitungsgebietes liegt Richmond in Virginia. Dort beträgt die Jahresdurchschnittstemperatur nur 14,4°C, und die

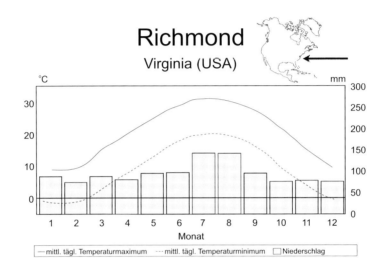

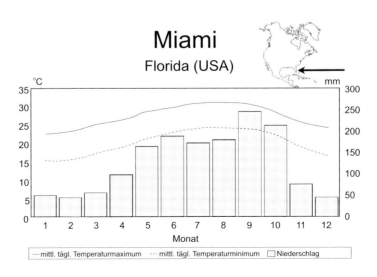

Lebensraum

durchschnittliche jährliche Niederschlagsmenge liegt bei 1122 mm. Man sieht, es herrschen enorme Unterschiede innerhalb des Lebensraumes der Nominatform.

Im Gegensatz dazu ist das Klima des Verbreitungsgebietes von *Elaphe guttata rosacea* aufgrund der geringen Ausdehnung recht gleichmäßig. Als Klimabeispiel soll das dem Verbreitungsgebiet nahegelegene Miami in Florida dienen. Miami liegt zwar noch im Verbreitungsgebiet von *Elaphe guttata guttata*, aber schon sehr nahe der Grenze zu *Elaphe guttata rosacea*. Die Jahresdurchschnittstemperaturen liegen hier bei 23,9°C, und die durchschnittliche jährliche Niederschlagsmenge liegt bei 1520 mm.

Noch viel extremere Temperaturschwankungen im Jahresverlauf, aber auch innerhalb des Verbreitungsgebietes, und wesentlich weniger Niederschlag weist der Lebensraum von *Elaphe guttata emoryi* auf. Als Beispiel seien hier Omaha in Nebraska, Dallas in Texas und Tampico in Mexico genannt. Die Jahresdurchschnittstemperatur liegt in Omaha bei 10,8°C und die durchschnittliche jährliche Niederschlagsmenge bei 700 mm. Deutlich wärmer ist es mit einer Jahresdurchschnittstemperatur von 18,8°C in Dallas. Die jährlichen Niederschlagsmengen liegen im Durchschnitt bei 879 mm und gestalten das Klima dadurch relativ trocken. Noch wärmer, aber auch ein wenig feuchter ist es in Tampico. Die Jahresdurchschnittstemperatur liegt hier bei 24,3°C und die durchschnittliche jährliche Niederschlagsmenge bei 1035 mm.

Wer also *Elaphe guttata emoryi* pflegen will, sollte möglichst den genauen Fundort ausfindig machen, um somit die entsprechenden Klimadaten heraussuchen zu können.

Weitere Klimadaten finden sich bei MÜLLER ("Handbuch ausgewählter

Biotop von *Elaphe g. guttata* in den Everglades, Florida Foto: Matthias Schmidt

Lebensraum

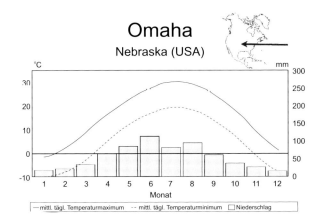

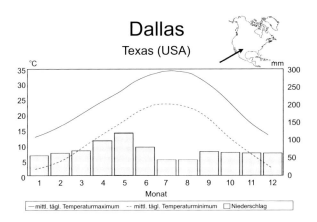

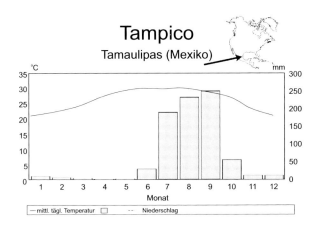

Lebensraum

Klimastationen der Erde", 1983) und im Brockhaus "Länder und Klimate, Nord- und Südamerika".

Auch der eigentliche Lebensraum, in dem sich die Kornnattern tatsächlich aufhalten (Habitat), variiert aufgrund des riesigen Verbreitungsgebietes erheblich. *Elaphe guttata guttata* lebt zum Beispiel bevorzugt in der Nähe menschlicher Siedlungen. Die von diesen verursachten Umweltveränderungen führen für die Schlangen teilweise zu günstigeren Lebensbedingungen als sie sie in der unberührten Natur antreffen. Als Beispiel für derartige Verbesserungen gelten die Änderungen im Mikroklimabereich, die oftmals ein umfangreicheres, beziehungsweise erheblich konzentrierteres Futterangebot hervorrufen. Schnell finden sich als typische Kulturfolger verschiedene kleine Nager wie Mäuse und Ratten ein, aber auch gut zugängliche Überwinterungsplätze können die Attraktivität dieser Standorte erhöhen.

Am leichtesten und am häufigsten findet man die hübschen Schlangen an Straßen- oder Wegrändern, in Maisfeldern und selbst in Gärten, dort häufig in Heu- und Komposthaufen. Auch in unmittelbarer Nähe des Menschen wird diese Schlangenart zahlreich angetroffen. So findet man sie in Scheunen, Silos, auf leerstehenden Dachstühlen der Farmgebäude, aber auch in den Kellergeschossen von Hotels, Kirchen, Fabriken und Wohnhäusern. In diesem Lebensraum besitzt die Kornnatter meist ein festes Versteck. Sie lebt in Löchern der Gebäudefundamente, in alten, nicht mehr genutzten Wasserrohren und Abwasserkanälen, ja sogar in alten Ölleitungen und aufgegebenen Stollen.

Nicht nur in der Nähe des Menschen sind die Kornnattern zu finden. Ebenso werden auch die Naturlandschaften wie Kiefernwälder, Prärien, Eichengehölze, bewaldete Hochflächen oder Niederungswälder recht zahlreich bewohnt. Dort verbergen sich die Schlangen unter der losen Rinde großer Bäume, aber auch in hohlen Baumstämmen, in aufgegebenen Nagerbauten, unter Steinplatten, in Felsspalten oder einfach in Laubansammlungen.

Auch bei *Elaphe guttata emoryi* variiert der eigentliche Lebensraum erheblich. Eigentlich handelt es sich bei dieser Unterart um die präriebewohnende Form der Kornnatter. Die nordamerikanische Prärie ist eine baumlose Steppenlandschaft, die sich in ganz Zentral-Nordamerika etwa in Nord-Süd-Richtung ausdehnt und dabei in Ost-West-Richtung bis in eine Höhe von 1500 m über NN ansteigt.

Die bevorzugten Aufenthaltsorte dieser Unterart sind aufgelockerte Prärien oder flache Felslandschaften, doch trifft man sie auch in den Erosionsfurchen der Cañons und der Plains an. WRIGHT & WRIGHT (1957) führen als weitere Lebensräume hügeliges Gelände, Flußauen, Berge, Graslandschaften, Eichenhaine, sonnige Abhänge, helle Forste, aufgelockerte Wälder und auch wieder Wohngebiete an. Im Unterschied zur Nominatform lebt *Elaphe guttata emoryi* bevorzugt am Boden, kann aber auch hervorragend Felsen und Bäume erklimmen.

Elaphe guttata rosacea bewohnt auf Key West den gleichen Lebensraum wie die Nominatform in ihrem Verbreitungsgebiet. Auf der teilweise recht dicht bewohnten Insel lebt die Schlange in den Gärten und Parkanlagen, wo sie als geschickter Vogelfresser nicht sehr willkommen ist.

Besonderheiten

5. Besonderheiten von *Elaphe guttata*

Elaphe guttata ist sicherlich die bekannteste Kletternatternart, die im Terrarium erfolgreich gepflegt und nachgezogen wird. Trotz dieser Erfolge sind die Besonderheiten, die die Art im Laufe der Evolution als Anpassung an ihren Lebensraum entwickelt hat, vielfach noch unbekannt. In einer einzigartigen Weise haben sich die Nattern auf das Leben in luftiger Höhe wie auch am Boden eingestellt. Das reicht über die ausgezeichnet auf ihre Umwelt abgestimmte Färbung bis hin zu den hochsensiblen Sinnen, mit deren Hilfe die Tiere auf Beutefang gehen. Nachfolgend möchte ich auf einige dieser bemerkenswerten Eigenschaften der Kornnattern eingehen.

5.1 Anmerkungen zum Körperbau

Wie zahlreiche Schlangen, hat auch *Elaphe guttata* einen langgestreckten, gleichförmigen und nahezu ungegliederten Körperbau. Es handelt sich bei dieser Art um eine recht große, aber schlanke und daher grazile Schlange. Das Rumpfskelett beschränkt sich durch den Wegfall der Extremitäten auf Schädel, Wirbelsäule und Rippen und verfügt über eine erstaunliche Beweglichkeit. Diese Ela-

Durch ihre besondere Schädelkonstruktion können Kornnattern Beutetiere verschlingen, die einen deutlich größeren Umfang haben als sie selbst.
Foto: Matthias Schmidt

Körperbau

stizität verdanken die Kornnattern ihren über 300 Wirbeln.

Der einzige Körperteil, der sich relativ deutlich vom Körper absetzt, ist der Kopf. Dieser kann, wenn man ihn mit dem anderer Schlangenarten vergleicht, eher als gestreckt und schlank bezeichnet werden. Die größte Besonderheit des Schädels ist die unglaubliche Beweglichkeit des Kiefer- und Gaumenapparates. Der Kopf, der als extrem dehnbarer und elastischer Scharnier- und Hebelapparat gilt, besteht aus Knochen, Sehnen, Bändern und Muskeln. Durch eine besondere Bauweise sind die Schädelknochen frei beweglich. So sind die gesamten Knochen des Ober- und Unterkiefers nur lose und an wenigen Punkten mit der Schädelkapsel durch Sehnen verbunden. Ein Bändersystem hält diese Konstruktion zusammen und sorgt mit Hilfe von Gelenken und einer in spezialisierte Muskelträger aufgegliederten Kaumuskulatur für große Beweglichkeit. Sogar die Vorderpartie des Schädels, bestehend aus den die Nasenkapsel umgebenden Knochen, ist wieder gelenkig mit dem hinteren Abschnitt verbunden. Die Zähne sitzen fest in zwei Reihen auf den Gaumenknochen und sind nach hinten gebogen. Dieser Aufbau ist die Grundvoraussetzung dafür, daß selbst Beutetiere verschlungen werden können, die den Durchmesser des Schlangenkörpers übertreffen. Nach dem Verschlingen einer großen Beute reckt die Kornnatter mit einem kräftigen "Gähnen" alle Haut- und Weichteile wieder an ihren alten Platz.

5.2 Fortbewegung

Es erscheint sonderbar, wie sich die Schlangen trotz fehlender Gliedmaßen mit großer Geschwindigkeit fortbewegen. Diesem Geheimnis kam man erst durch sorgfältige Bewegungsanalysen auf die Spur. Das problemlose Dahingleiten oder "Kriechen" erwies sich als eine hohe Spezialisierung der fußlosen Fortbewegung. Der Begriff "Kriechen" ist bei genauerer Betrachtung falsch, denn eine Schlange "läuft" nur auf unebenem Untergrund. Auf einer glatten Glasscheibe kommt sie zum Beispiel nur mühsam durch schlängelnde Bewegungen vorwärts.

Ihr Bewegungsapparat besteht aus der gesamten Wirbelsäule und der dazugehörigen Muskulatur. Zur Fortbewegung werden die frei endenden Rippen hebelartig in die Unebenheiten des Bodens gestemmt. Die Vorwärtsbewegung wird somit durch die Kraft, mit der sich jede Körperstelle an Unebenheiten des Bodens abdrücken kann, erzeugt. Die gesamte Bewegung erscheint kontinuierlich, da der vorwärtstreibende Effekt die Summe der Reaktionen auf die Unebenheiten ist.

Die geläufigste und schnellste Art der Fortbewegung ist das "Schlängeln". Diese führen die Kornnattern vor allem bei der Flucht aus. Die Schlange erzeugt vom Kopf in Richtung Schwanz, abwechselnd auf jeder Seite, aufeinanderfolgende Wellen von Muskelkontraktionen und -erschlaffungen. Dabei werden die Rippen

Fortbewegung

Zeichnung: Marianne Hoffmann

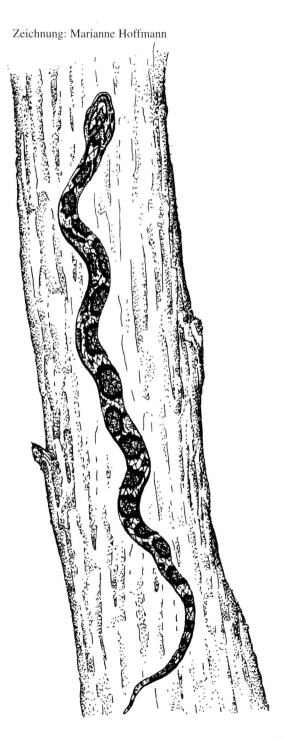

auf der einen Seite stärker nach vorn und auf der anderen Seite gleichzeitig nach hinten gedrückt. Auf diese Weise stemmt sich die Kornnatter an einem Hindernis ab. Es ist schon ein erstaunlicher Anblick, wenn eine Schlange mit rasch ablaufenden, mit unserem Auge nicht mehr unterscheidbaren "Schleichbewegungen" dahinschießt.

Beim Klettern kann man auch das sogenannte "Ziehharmonika-Kriechen" beobachten. Es sieht so aus, als würde sich die Kornnatter abwechselnd nach vorne strecken und dann wieder zurückziehen. Mit ihrem langgestreckten Körper nutzt sie jede Unebenheit als Haltepunkt für ihre Bauchschuppen. Die eigentliche Bewegung kommt nun dadurch zustande, daß ein aus mehreren Schlingen gebildeter Körperabschnitt einen festen Halt mit dem Untergrund bildet, während ein anderer Abschnitt, von diesem Berührungspunkt ausgehend, gezogen oder geschoben wird. Anschließend kommt es zum Rollentausch zwischen den beiden Abschnitten.

Wenn eine Kornnatter nun an einem senkrechten Baumstamm hochklettert, müßten sich eigentlich die Blutgefäße verformen, denn die Schwerkraft und der Blutdruck würden das Blut in den hinteren Körperbereich pressen, wo es bei zu starker Belastung aus den gedehnten Blutgefäßen gedrückt werden würde. Als

Kornnattern sind zum Beispiel durch ihre speziell ausgeformten Bauchschuppen besonders gut an eine kletternde Lebensweise angepaßt. Eindrucksvoll demonstriert diese in Florida fotografierte *Elaphe g. guttata* ihre Fähigkeiten.

Foto: Bill Love / Glades Herp, Inc.

Fortbewegung

Haut

Folge davon müßte der Blutdruck sinken, und wichtige Organe könnten nicht mehr ausreichend durchblutet werden. Damit dies nicht passiert, haben die Schlangen eine Reihe physiologischer Mechanismen zur Regulierung des Blutdrucks entwickelt, wie zum Beispiel eine besonders kräftige kräftige Gefäßmuskulatur und die Verlagerung des Herzens näher an den Kopf heran.

5.3 Haut, Färbung und Häutung

Haut: Im Gegensatz zu dem häufigen Vorurteil, daß Schlangen eine glitschige Haut besitzen, ist diese glatt, trocken und lederartig. Wie bei allen Reptilien, hat sie die unterschiedlichsten Aufgaben zu erfüllen. So soll sie in erster Linie einen mechanischen und physiologischen Schutzwall gegen die Außenwelt bilden und die Schlangen vor dem Austrocknen bewahren. Auch stellt sie einen wirksamen Filter gegen das Eindringen bestimmter Lichtwellen dar.

Betrachtet man die Haut einmal genauer, so erkennt man die hornige Oberfläche als eine Art Schuppenkleid. Bei *Elaphe guttata* sind die Schuppen dachziegelartig angeordnet, und zwar immer so, daß der Hinterrand jeder Schuppe den Vorderrand der darauffolgenden überdeckt. Die einzelnen Schuppen sehen wie glatt poliert aus und sind nur teilweise mit einem schwachen Kiel versehen. Größere Schilder finden sich nur im Schädelbereich. Die Bauchseite ist mit einer einzigen Längsreihe verbreiterter Ventralschilder bedeckt, den sogenannten Bauchschienen. Sie dienen der Fortbewegung und sind charakteristisch für die Schlangen insgesamt.

Die Haut der Kornnattern besteht wie bei allen Reptilien aus drei verschiedenen Schichten mit unterschiedlichen

Das Schuppenkleid der Kornnattern ist dachziegelartig angeordnet. Foto: Matthias Schmidt

Auf der Bauchseite einer Kornnatter befinden sich 215 bis 240 Ventralschilder. Foto: Matthias Schmidt

Haut

Funktionen. Da wäre als erste Schicht die äußerlich sichtbare Oberhaut Epidermis, die den eigentlichen Schutzwall gegen die äußeren Einflüsse bildet. Es handelt sich bei ihr um eine reine Hornschicht, die nur aus totem Material, dem Keratin, besteht. Aus diesem Grund ist sie auch nicht in der Lage mitzuwachsen. Da aber die Kornnattern wie alle Schlangen ihr Leben lang wachsen und die Oberhaut sich durch die ständige Berührung mit der Umwelt abnutzt, müssen sich die Schlangen in regelmäßigen Abständen häuten.

Unter der Epidermis liegt die Lederhaut (Corion), die aus Bindegewebe und elastischen Fasern besteht. Neben Gefäßen, verschiedenen Nerven und Sinneskörpern beinhaltet sie die Hautmuskulatur und die Farbzellen.

Unter der Lederhaut liegt die dritte Schicht, die sogenannte Unterhaut oder Subcutis. Ihre Aufgabe besteht allein darin, die Haut mit der darunterliegenden Muskulatur zu verbinden.

Schematischer Aufbau der Haut

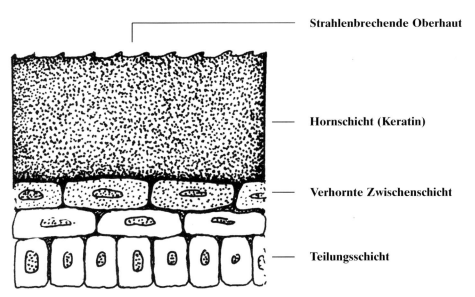

Zeichnung: Marianne Hoffmann

Färbung

Färbung: Ihre Färbung erhalten die Kornnattern von den Pigmentzellen, die in der Lederhaut sitzen. Da wäre als erstes das Melanin, ein dunkelbraunes Farbpigment, zu nennen. Es sitzt in den Melanophoren und ist hauptsächlich für die schwarzen, braunen und grauen Farbtöne verantwortlich. Fehlt das Melanin, so wirkt die Färbung insgesamt blasser. Während in der Natur diese Albinos oder amelanistischen Farbschläge meist jung sterben, da sie schlechter getarnt sind als die normalen Farbschläge und so leichter ein Opfer für ihre Feinde darstellen, werden sie im Terrarium gezielt vermehrt. Verantwortlich für die gelben und roten Farbtöne sind die Chromatophoren, die in Verbindung mit anderen Pigmenten die verschiedenen Braunschattierungen erzeugen.

Die Färbung, die wir letztendlich sehen, kommt dadurch zustande, daß das auf die Schlange fallende Licht von den einzelnen Farbzellen in seine Spektralanteile zerlegt und dann wieder gemischt reflektiert wird.

Kornnattern wie diese "Snow-Corn" sind in der Natur nur selten zu finden, da sie durch ihre auffällige Färbung eine leichte Beute für ihre Feinde darstellen. Foto: Wolfgang Schmidt

Häutung: Einer der eigenartigsten Vorgänge bei den Reptilien ist die Häutung. Bereits einige Tage vor Beginn der Häutung erkennt man das bevorstehende Ereignis an der Eintrübung der Augen ins Bläuliche. Auch die Färbung wird in der Regel stumpf und düster. Die Schlange verhält sich in dieser Zeit recht ruhig und nimmt nur noch in Ausnahmefällen Nahrung zu sich. Erst am Ende dieser Phase wird die Kornnatter unruhig, kriecht umher und reibt ihren Kopf gegen feste Gegenstände, bis die Haut in der Maulregion aufplatzt. Dies unterstützt sie noch dadurch, daß sie Blut in den Kopf pumpt, und zwar besonders in den Bereich der Augen, so daß die Hornschicht dort aufzureißen beginnt. Wenn diese dann erst einmal von den Kiefern abgestreift ist, erscheint es in der Regel für die Schlangen ziemlich einfach, sich aus der restlichen alten Haut zu befreien. Sie kriechen dafür durch dichtes Gestrüpp oder durch Felsspalten, bis sich die Oberhaut irgendwo verfängt oder festklemmt. Dann streift die Kornnatter sie einfach ab, indem sie herausschlüpft. Dabei krempelt sich die Innenseite der Haut nach außen. Da sich ja nur die tote, dünne Oberhaut ablöst, zerreißt das Natternhemd - so wird die milchig gefärbte Hornhaut nach der Häutung bezeichnet - sehr leicht. Auch ist das Natternhemd wesentlich länger als die Schlange, da jetzt die gesamte Haut in gestreckter Form vorliegt und somit um die Zwischenhäute, die sonst zwischen den Schuppen verborgen liegen, verlängert ist. Die Häufigkeit des Häutungsprozesses variiert recht stark. Das liegt zum einen an dem Alter der Tiere - so häuten sich Jungtiere während der Wachstumsphase

Ein eindeutiges Zeichen für die bevorstehende Häutung ist die Eintrübung der Augen.
Foto: Wolfgang Schmidt

natürlich wesentlich öfter als ausgewachsene Schlangen - und zum anderen an dem Nahrungsangebot und dem Gesundheitszustand. Aber auch andere Faktoren wie Temperatur und Feuchtigkeit spielen eine Rolle. Ein gesundes Tier, das artgemäß gepflegt wird, häutet sich immer in einem Stück.

Die erste Häutung frisch geschlüpfter Jungtiere erfolgt nach etwa 10 bis 15 Tagen. In dieser Zeit, wenn die Tiere eine enorme Wachstumsrate an den Tag legen, erfolgt auch entsprechend oft die Häutung. Bereits 10 Tage nach der ersten kann die zweite erfolgen. Jungschlangen häuten sich im ersten Lebensjahr bei guter Ernährung 7- bis 13mal. Größere Tiere können sich bis zu achtmal im Jahr häuten. Auffallend ist auch, daß sich beide Geschlechter etwa einen Monat nach Beendigung der Winterruhe und die Weibchen häufig kurz vor und kurz nach der Eiablage häuten.

Häutung

Die unterschiedlichen Häutungsabschnitte: I - Ruhestadium; II - Wachstum der neuen Haut; III - Ausprägung der Spaltzone; IV - Ablösung der alten Haut. Zeichnung: Marianne Hoffmann

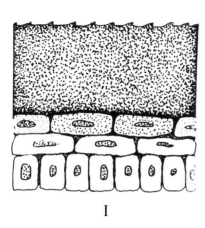
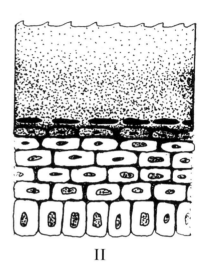

I II

Hin und wieder wurde auch im Terrarium eine Art Streßhäuten beobachtet. Aufgrund von Ernährungsfehlern (zu hohe einseitige Vitamingaben) häuteten sich die Tiere häufiger als normal. Dieses ist natürlich der Gesundheit nicht förderlich, da die Schlangen etwa 2,5 bis 3% ihres Körpergewichts bei einer Häutung verlieren. Das Natternhemd selbst macht nur etwa 1% des Körpergewichts aus.

Doch wie geht nun der Häutungsprozeß vonstatten? Nach erfolgter Häutung beginnt für die Haut eine unterschiedlich lange Zeitspanne in einer Art Ruhestadium. Plötzlich, den genauen Auslöser kennt man nicht, trifft die Haut erneut Vorbereitungen für die Häutung. Hierfür teilt sich ein Großteil der Zellen innerhalb der untersten Hautschicht. Dies geschieht so lange, bis mehrere Zellreihen vorliegen, die sich von innen nach außen stärker abflachen. Jetzt kann man bereits zwei aufeinanderfolgende Generationen von Hautschichten erkennen. Unterhalb der ursprünglichen Hornhaut bildet sich eine Art Zwischenschicht, im nächsten Stadium eine Spaltzone zwischen der alten und der neuen Epidermis. Die innere Hornhaut wächst weiter und lagert Keratine für die Festigkeit in die Außenschichten ein. Die restlichen, tiefer gelegenen Reihen werden zur neuen Zwischenzone. In dieser Phase hellt sich die Haut auf. Ist der Reifungsprozeß abgeschlossen, streift die Kornnatter wie erwähnt die alte Haut als Natternhemd ab.

Das Regenerationsvermögen der Haut ist nach Verletzungen recht unterschiedlich ausgeprägt. Nach einer schweren Schädigung benötigen die Schlangen zum Beispiel mehrere Häutungen, ehe die Wunde völlig ausgeheilt ist. Die neu gebildeten Schuppen sind danach überwiegend unregelmäßig angeordnet.

Geruch

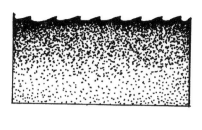

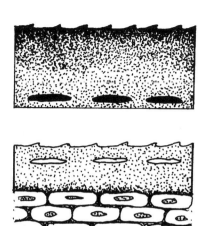

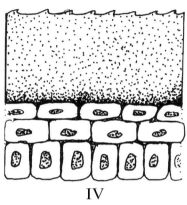

III IV

5.4 Sinnesorgane

Die Leistungsfähigkeit der Sinnesorgane ist bei der Suche nach Nahrung oder nach einem Geschlechtspartner und bei vielen weiteren wichtigen Funktionen von entscheidender Bedeutung. So müssen die Kornnattern zum Beispiel in jedem Fall ihre Beute sicher erkennen und einschätzen können. Und auch hier zeigt sich, wie hervorragend die Schlangen ihrem Lebensraum und ihrer Lebensweise angepaßt sind.

5.4.1 Geruch

Ein wichtiges Sinnesorgan bei den Kornnattern ist, wie bei allen Schlangen, der Geruchssinn. Er dient vor allem dem Erkennen und Finden von Beutetieren sowie dem Aufsuchen und Erkennnen der Geschlechter. Einige Schlangenarten sind sogar in der Lage, ihre Feinde am Geruch zu erkennen.

Wie alle Schlangen können auch Kornnattern chemische Geruchsstoffe über zwei Organe aufnehmen: die (nicht sehr leistungsfähige) Schleimhaut der Nasenhöhlen und das sogenannte Jacobsonsche Organ, das im Gaumendach der Mundhöhle sitzt.

Das Jacobsonsche Organ bildet sich während der Embryonalentwicklung als eine Art untere Ausstülpung der Nasenanlage. Diese Verbindung der beiden Geruchssinne geht jedoch im Laufe der weiteren Entwicklung verloren. Am Ende liegt das Jacobsonsche Organ dann als paarige Einsenkung im vorderen Gaumendach mit Verbindungsgängen in den Rachenraum. Beim Beobachten der Kornnattern kann man feststellen, daß sie während der aktiven Phasen laufend züngeln. Dabei strecken sie ihre fein "gegabelte" Zunge

Augen

unterschiedlich schnell und weit heraus, um sie einen Moment später schon wieder einzuziehen. Dieses können sie sogar bei geschlossenem Maul, denn sie verfügen über einen schmalen Spalt, durch den die Zunge herausgestreckt werden kann. Die Tiere nehmen beim Züngeln die Geruchsstoffe der Umgebung auf, indem diese an der feuchten Oberfläche der Zunge haften bleiben. Beim Einziehen werden diese Duftpartikel (nichtflüchtige Moleküle) zum Jacobsonschen Organ geführt, wo sie analysiert werden.

Auch erleichtert dieser Sinn den Kontakt der Tiere einer Art untereinander. Die Männchen erkennen so das andere Geschlecht und eine eventuelle Paarungsbereitschaft des Weibchens.

5.4.2 Augen

Ein ebenfalls sehr wichtiges Sinnesorgan ist der Gesichtssinn. Die Augen sitzen bei *Elaphe guttata* seitlich am Kopf. Trotzdem ist diese Schlange zum binokularen Sehen fähig und somit auch zum Einschätzen von Entfernungen und zum Erkennen von Bodenunebenheiten. Die Überdeckung des rechten und linken Sehfeldes beträgt etwa 30°. Der Blick der Kornnatter ist nicht hypnotisierend starr. Vielmehr sind die Augäpfel sogar unabhängig voneinander beweglich.

Die Schlangen haben wie alle Wirbeltiere Linsenaugen, eine Augenform, die allgemein als die am höchsten entwickelte gilt. Man nimmt an, daß einige höher entwickelte Schlangenarten, zu denen auch die Kornnattern zählen, auf kurze Distanz ziemlich scharf sehen können. So sollen sie zum Beispiel kleinere bewegliche Objekte (Mäuse, Ratten) bis zu einer

Entfernung, die maximal das fünffache der eigenen Körperlänge beträgt, noch gut erkennen können.

Das Auge weist im Aufbau einige markante Unterschiede zu anderen Reptilien auf. So ist es von einer besonderen Hornhaut, dem "Brillenglas", auch oft einfach nur als "Brille" bezeichnet, abgedeckt. Diese Hornhaut entstand durch eine Verwachsung des Ober- und Unterlids. Sie bietet einen hervorragenden Schutz vor Verschmutzung und leichten mechanischen Verletzungen, aber auch vor zuviel Wasserverlust. So verliert zum Beispiel ein junger Gould-Waran (*Varanus gouldii*) etwa 65% des verdunstenden Wassers über die Augen, weil sie durch keine schützende "Brille" bedeckt sind. Im Auge liegt die Regenbogenhaut (Irismuskel), die eine schmutzig-gelbliche Färbung aufweist. Ebenso ist die Linse gelblich gefärbt und arbeitet daher wie ein Filter. Sie soll die Strahlen am blauen Ende des Farbspektrums wegfiltern, eine Funktion, die bei anderen Wirbeltieraugen von den gelben Öltröpfchen übernommen wird. Auf diese Weise sollen Abbildungsfehler durch Farbzerstreuung (chromatische Aberration) verringert werden.

Schlangen sehen vermutlich nur bewegliche Objekte. Dafür haben die Nattern wahrscheinlich das beste Akkomodationsvermögen (darunter versteht man die Fähigkeit, das Auge auf ein bestimmtes Objekt scharf einzustellen) entwickelt.

Die Kornnatter erreicht dies hauptsächlich durch eine Verschiebung der Linse. Die Verschiebung wird durch den Ciliarmuskel an der Basis der Iris bewirkt. Bei

Augen

seiner Anspannung wird die Naht zwischen Hornhaut und Lederhaut des Auges nach innen gezogen. Auf diese Weise entsteht ein Druck auf den gelatinösen Glaskörper, dem die Linse nach vorne ausweicht.

Elaphe guttata besitzt eine runde Pupille. Ob sie als dämmerungsaktive Art zum Farbsehen befähigt ist, wurde bisher noch nicht untersucht. Es ist aber zu vermuten, daß sie wie andere tagaktive Nattern über ein gutes Farbsehvermögen verfügt.

Schematische Darstellung des Auges

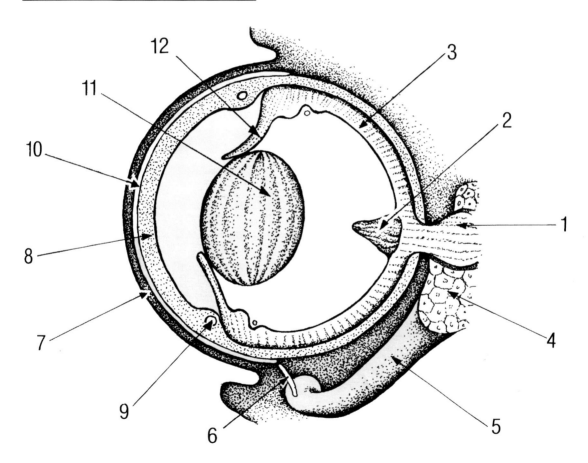

1 - Sehnerv
2 - Zapfenkonus
3 - Retina (lichtempfindlicher Teil der Netzhaut)
4 - Hardersche Drüse
5 - Kanal der Harderschen Drüse
6 - Tränengang
7 - Brille
8 - Cornea
9 - Schlemmscher Kanal
10 - Vordere Augenkammer
11 - Linse
12 - Iris

Zeichnung: Marianne Hoffmann

Gehör

5.4.3 Gehör

Betrachtet man den Kopf einer Kornnatter genauer, so stellt man fest, daß die Ohröffnungen fehlen. Aber nicht nur diese. Sie besitzt auch kein Trommelfell, keinen Hörgang, keine Paukenhöhle und keine Eustachische Röhre. Es ist somit eine sehr schwierige Frage, ob *Elaphe guttata* unter diesen anatomischen Voraussetzungen in der Lage ist, Schallwellen aus der Luft wahrzunehmen. Es wird angenommen, daß dies einige Schlangenarten in einem sehr eingeschränkten Bereich, etwa von 100-500 Hertz, können.

Bei diesen Arten übernimmt vermutlich das Quadratbein die Aufgabe des fehlenden Trommelfells. Auch soll die Lunge an der Übertragung der Töne beteiligt sein. Inwieweit das alles für die Kornnattern zutrifft, ist nicht bekannt.

Immerhin ist bei allen Schlangen das Innenohr gut ausgebildet. Es dient, wie Experimente zeigen, zum Registrieren von Erschütterungen im weitesten Sinne. Sehr gut untersucht ist die Aufnahme von Bodenvibrationen. Die Schlangen nehmen selbst leichte Erschütterungen über einen völlig ungewöhnlichen Weg, nämlich über

Das Gehör der Schlangen ist kaum entwickelt. Foto: Rudolf König

die Unterkieferknochen, wahr. Diese leiten die wahrgenommenen Schwingungen an das mit ihnen verbundene Quadratbein weiter. Auch soll wieder die Lunge an der Übertragung der Bodenerschütterungen beteiligt sein. Die Schwingungen werden schließlich auf einen am Quadratbein anliegenden Ohrknochen (Columella) übertragen, der mit dem ovalen Fenster (zwischen Mittel- und Innenohr vermittelnd) verbunden ist. Hat die Kornnatter den Kopf hoch erhoben und wird lediglich die weiche Bauchseite erschüttert, findet keine Registrierung der Schwingungen statt.

6. Aktivität und Verhalten

Die Kornnattern sind wie alle Reptilien und Amphibien wechselwarme (poikilotherme) Tiere. Das bedeutet, daß ihre Körpertemperatur abhängig von der Umgebungstemperatur ist. Sie sind also nicht in der Lage, zum Beispiel wie Säugetiere oder Vögel, ihre Körpertemperatur aktiv zu steigern und dann konstant zu halten. Vielmehr müssen die Schlangen ihre notwendige "Betriebstemperatur" aus der sie umgebenden Umwelt beziehen. Das bedeutet, daß die Tiere in ganz besonderem Maße von der Lufttemperatur abhängig sind. Daneben regulieren die Nattern ihre Körpertemperatur dadurch, daß sie sich der direkten Sonneneinstrahlung aussetzen oder aber die Speicherwärme, die zum Beispiel von Steinen abgestrahlt wird, nutzen. Daher findet man die Schlangen in der Natur zu Beginn der Abenddämmerung häufig auf den wärmeabstrahlenden Straßenbelägen.

Speziell während der kühlen Monate, wenn die Schlangen aufgrund der niedrigen Temperaturen zur Tagaktivität gezwungen sind, setzen sie sich gerne der direkten Sonneneinstrahlung aus. Der Eigenschaft, wechselwarme Tiere zu sein, verdanken es die Kornnattern, daß sie in der kalten Jahreszeit, wenn nur wenig Nahrung vorhanden ist, in eine Art Winterstarre fallen können. Sie werden dann nahezu unbeweglich, und der Stoffwechsel wird dadurch so stark gebremst, daß die Tiere diese Zeit ohne großen Energieverbrauch und somit auch ohne großen Gewichtsverlust überstehen.

Die Kornnattern weisen einen mehr oder weniger stark ausgeprägten saisonalen Jahreszyklus auf. Dieser wird von einigen Autoren grob in vier Abschnitte eingeteilt. Der Jahresrhythmus beginnt mit der Winterruhe, die oft nur wenige Monate andauert. In dieser Zeit kommt es weder zu Fortpflanzungsaktivitäten noch zur Nahrungsaufnahme.

Die zweite Periode schließt an den Winter an. In ihr erwachen die Tiere, und es kommt zur ersten Nahrungsaufnahme, aber es finden noch keine Paarungsaktivitäten statt. Diese Phase dauert etwa einen Monat und endet ungefähr mit der ersten Häutung nach der Winterruhe.

Der dritte Abschnitt bildet die eigentliche Paarungssaison. Die Schlangen verpaaren

Verhalten

sich, und es kommt zur Eiablage. Oft nehmen die Tiere in dieser Zeit kaum oder sogar gar keine Nahrung auf. Die Grenzen zu dem sich anschließenden letzten Aktivitätszyklus sind fließend. In ihm nehmen die Kornnattern wieder ausreichend Nahrung für die Winterruhe und die folgende Fortpflanzungsperiode zu sich.

Den Tag verbringen die Kornnattern meist zurückgezogen in ihren Verstecken. Erst am späten Nachmittag oder am Abend begeben sich die überwiegend dämmerungsaktiven Tiere auf Nahrungssuche. In der Natur haben die Schlangen häufig eine zweite Aktivitätsphase am frühen Morgen. Im Terrarium sind die Tiere während des ganzen Abends und teilweise in der Nacht aktiv und inspizieren ihre Behälter. Mit einer Maus kann man sie aber auch zu jeder anderen Tageszeit aus ihren Verstecken locken, vorausgesetzt natürlich, daß sie hungrig sind. Erregungszustände signalisiert die Kornnatter durch vibrierende Schwanzbewegungen. Diese können durch die Anspannung vor dem Beutefang hervorgerufen werden oder aber das Verteidigungsverhalten einleiten.

Fühlt sich eine Kornnatter bedroht, wird sie immer erst ihr Heil in der Flucht suchen. Wird sie jedoch in die Enge getrieben, oder wird ein gewisser Mindestabstand unterschritten, so zeigt sie ihr typisches Abwehrverhalten. Sie windet das vordere Körperdrittel s-förmig, gibt laut zischende Geräusche von sich und versucht, den Angreifer zu beißen. Ergreift man die Schlange in diesem Zustand mit der Hand, so wird sie erneut versuchen zu beißen oder sich durch windende Körperdrehungen zu befreien. Während sie sich windet, scheidet sie ein übelriechendes Verteidigungssekret aus den Postanaldrüsen aus.

Dieses Verhaltensmuster trifft in erster Linie für Wildfänge oder aber für Tiere zu, die nur äußerst selten mit ihrem Pfleger in Kontakt kommen. Eingewöhnte Kornnattern werden handzahm und zeigen nicht die geringste Aggressivität. Im Regelfall ist es völlig unproblematisch, die Tiere zum Beispiel für die Fütterung aus dem Terrarium zu nehmen. Eingewöhnte Tiere fressen sogar, während man sie noch in der Hand hält.

In der Natur fressen die Kornnattern die verschiedensten Kleintiere, angefangen bei Insekten bis hin zu Fledermäusen oder Vögeln. Wie fast alle Nattern erjagen sie ihre Beute. Mit Hilfe ihrer Fernsinne (Sehvermögen und Geruchssinn) lokalisieren sie ihr Opfer. Da die Sicht durch Bodenunebenheiten meist stark beeinträchtigt ist, kommt dem Geruchssinn eine übergeordnete Bedeutung zu. Durch andauerndes Züngeln werden die Geruchsstoffe zum Jacobsonschen Organ transportiert und dort analysiert. Damit die Schlange nun nicht die Spur der Beute verliert, muß sie weiterhin ständig züngeln. Dabei nähert sie sich ihrem Opfer eher langsam, damit dieses ihre Bewegungen nicht wahrnimmt. Kurz vor dem Beutetier verharrt die Schlange völlig regungslos, um dann blitzartig mit dem vorderen Teil des Körpers vorzuschnellen und die Beute zu packen. Diese wird mit dem Kiefer festgehalten und schnell mit einigen Windungen fest umschlungen. In Sekundenschnelle wird so ein kleines Tier durch Ersticken oder Herzstillstand getötet.

7. Das richtige Terrarium

Ist der Entschluß gefaßt, sich Kornnattern anzuschaffen, so muß vor dem Kauf insbesondere geklärt werden, wie die Tiere untergebracht und ernährt werden sollen. Im Idealfall bekommt man die Kornnattern als Nachzuchten von einem erfahrenen Pfleger und Züchter, den man nach allen Haltungserfordernissen der Tiere befragen kann. Der Normalfall jedoch ist, daß man sich in einer Zoofachhandlung eingehend informiert und auch dort die Tiere kauft. Wie schon gesagt, sind die Ansprüche dieser Schlangenart an ihr Terrarium - ihren künstlichen Lebensraum - verglichen mit anderen Arten recht gering. Zur Unterbringung eignen sich die verschiedensten Behälter, doch sollte auch ein einfaches Terrarium zur kurzfristigen Pflege einer adulten Kornnatter ein Volumen von mehr als 60 Litern aufweisen.

Auch die Einrichtung kann denkbar einfach gehalten sein. Sie sollte aus einem Bodengrund (geeignet sind Zeitungspapier, Lehm oder desinfizierte, nicht staubende Hobelspäne), einer Wärmequelle (z.B. eine Heizmatte), einem Versteckplatz (z.B. ein großes Stück Rinde) und einem Trinkgefäß mit stets frischem Wasser bestehen. Unter diesen recht primitiven Bedingungen werden die Kornnattern vor allem in den USA gehalten und sehr erfolgreich nachgezogen. Diese Haltungsmethode dürfte aber wohl nicht mit dem Wunsch, ein Tier in einem möglichst artgerechten und optisch ansprechend dekorierten Terrarium zu pflegen, in Einklang zu bringen sein. Wohl aber eignet sie sich für Quarantänebecken oder kurzfristige Engpässe.

Um den Bedürfnissen der Schlangen gerecht zu werden, sollte man sich zunächst Gedanken über den Aufstellplatz des Terrariums machen. Da die Kornnattern hauptsächlich dämmerungsaktiv sind, benötigen sie keine leistungsstarke Beleuchtung. Wichtig ist nur, daß ein Tag-Nacht-Unterschied und eine variierende Tageslänge, die als möglicher Auslöser für das Fortpflanzungsverhalten gilt, gegeben sind. Als Standort eignen sich daher helle Plätze mit nur geringer Sonneneinstrahlung.

Viele gute Zoofachgeschäfte verfügen über ein reichhaltiges Angebot an Terrarien. Auch haben sich eine ganze Reihe von Anbietern auf das Anfertigen von Terrarien nach Wunsch spezialisiert. Ein Preisvergleich ist jedoch angebracht. In zahlreichen Fachzeitschriften (z.B. DATZ, Sauria, herpetofauna, elaphe und Anzeigenjournal der DGHT) bieten sowohl private Terrarienbauer als auch Firmen ihre Terrarien an.

Natürlich liegt immer eine gewisse Befriedigung darin, etwas Eigenes zu kreieren. So freut man sich darüber, wenn es gelungen ist, ein funktionierendes Terrarium von der Planung bis zur Fertigstellung selbst hergestellt zu haben. Da das Aussehen eines Terrariums meist eine Sache des Geschmacks ist, wollen wir hier nur Anregungen geben.

Das Terrarium zur Pflege eines Pärchens sollte etwa die Größe von L60xT60xH80 cm aufweisen. Wichtig ist die Installation

Terrarium

einer Belüftungsfläche unterhalb der Frontscheibe oder in der Seite und einer zweiten im Deckel, so daß keine Stickluft entstehen kann. Zum Verkleiden der Lüftungsflächen im unteren Bereich des Terrariums sind die im Baustoffhandel erhältlichen Lochgitter-Aluminiumplatten sowohl optisch ansprechend als auch zweckmäßig. Die Lüftungsfläche im Deckel hingegen wird immer mit Metallfliegendraht gesichert.

Ideal sind silikongeklebte Glasterrarien mit Schiebetüren in der Front. Das Glas läßt man sich bei einem Glaser auf Maß schneiden, der auch sofort die Kanten schleifen sollte, um Schnittverletzungen vorzubeugen. Wer aber handwerklich sehr geschickt ist, kann sich das Glas auch aus alten Fensterscheiben selbst zurechtschneiden. Es gibt die verschiedensten Möglichkeiten und Formen, sich sein Terrarium nach eigenem Plan selbst zu bauen. Bauanleitungen und Vorschläge finden sich auch in der entsprechenden Fachliteratur.

Ebenso geeignet sind die im Handel erhältlichen großen Plexiglasbecken zur Pflege von Kleinsäugern. Bei einigen Modellen dieser großen Kunststoffaquarien ist der Deckel jedoch mit einem zusätzlichen Gewicht zu versehen, damit die Schlangen ihn nicht hochdrücken können. Besondere Sorgfalt sollte man bei den Jungtieren walten lassen. Die Kornnattern sind wahre Ausbruchskünstler. Die schlanken, hervorragenden Kletterer zwängen sich durch die kleinste Spalte! Daher müssen alle Öffnungen, wie zum Beispiel die Zuleitungen für die Bodenheizung, mit Silikon oder anderen Materialien sorgfältig abgedichtet werden.

Zur Gestaltung der Wände eignen sich die unterschiedlichsten Materialien. Wichtig ist jedoch, daß man immer bedenkt, daß *Elaphe guttata guttata* eine Kletternatter ist. Daher sollte man die Wände auch so verkleiden, daß sie sich zum Erklettern eignen. Sehr teuer, aber sicherlich optisch am schönsten ist es, die Wände mit naturbelassenen, plan gepreßten großen Korkplatten zu bekleben, auf denen die Kornnattern wie auf natürlicher Rinde klettern können. Eine ähnliche, aber sehr arbeitsintensive Möglichkeit ist es, sich naturbelassene Korkröhren zu kaufen und sie in kleine Stücke zu brechen. Diese Stücke müssen dann auf der Rückseite plan gesägt, gehobelt und anschließend mosaikartig auf die Seite geklebt werden.

Dem Bodengrund braucht man nicht zuviel Bedeutung beizumessen. Da die Kornnattern an kein bestimmtes Substrat angepaßt sind und vielmehr die unterschiedlichsten Böden bewohnen, kann man verschiedene Stoffe auswählen. Für alle Kornnattern eignen sich besonders grobe, nicht staubende Hobelspäne, da sie zum Beispiel sofort mit den Ausscheidungen verkleben und diese so leicht aus dem Terrarium entfernt werden können. Ebenso sind Substrate wie Sand, Kies, Lehm, Mutter-, Wald- oder Lavaerde und Rindenmulch hervorragend geeignet. Der Nachteil dieser "natürlichen" Substrate ist, daß sie sich nicht so leicht hygienisch sauber halten lassen. Nur *Elaphe guttata emoryi* lebt eher auf sandigen, mit Felsen durchsetzten Böden, was bei ihrer Pflege im Terrarium berücksichtigt werden sollte. Zeitungspapier sollte nur im Notfall oder in Quarantänebecken ver-

Terrarium

wendet werden. Bezüglich der Bodenfeuchtigkeit reicht es außerhalb der Fortpflanzungszeit völlig aus, eine kleine Stelle etwas feucht zu halten. Nur während der Eiablagezeit feuchtet man den Bodengrund im Bereich von verschiedenen Versteckmöglichkeiten etwas an, damit die frisch gelegten Eier nicht vertrocknen und die Weibchen geeignete Eiablageplätze vorfinden. Sehr gerne werden von den Tieren auch "Nester" aus leicht feuchtem Spaghnummoos als Eiablageplatz angenommen.

Speziell für *Elaphe guttata emoryi*, aber auch für die anderen Formen eignen sich größere "Felsen" zur Einrichtung. Optisch am schönsten und auch am natürlichsten wären Naturfelsen. Da echte Steine jedoch sehr schwer sind, sollten sie nur in Terrarien verwendet werden, die einen soliden Unterbau aufweisen. In diesem Zusammenhang ist es sehr wichtig, daß die Bodenplatte dick genug ist und völlig plan auf dem Unterbau aufliegt. Sicherheitshalber sollte jedes Terrarium auf einer Hartschaumplatte für Aquarien stehen, die gegebenenfalls noch vorhandene Unebenheiten ausgleicht und sogar kleine Stöße auffangen kann.

Wer nicht auf echte Steine verzichten will, sollte mit dem Felsaufbau immer direkt auf der Bodenplatte beginnen. Nur zu leicht kann es vorkommen, daß sich die Kornnattern unter die Steine wühlen und dann von ihnen zerquetscht werden. Ein größeres Mauerwerk aus Steinplatten wird immer nach einem festen Plan in das Terrarium eingebracht. Dabei werden die einzelnen Steine zu kleinen Einheiten zusammengemauert, die leicht entnehmbar und gut kontrollierbar sind. Den

Mörtel kann man mit einer Metalloxidfarbe nach Wunsch einfärben, um ihm ein möglichst natürliches Aussehen zu verleihen. Vor dem Einsetzen ins Terrarium müssen die Zementstücke einige Zeit gewässert werden.

Wesentlich leichter und vielseitiger sind künstliche Felslandschaften. Hierfür baut man sich ein Gerippe aus dicken Kork- oder Styroporplatten und verputzt dieses einfach mit gefärbtem Moltofill für Aussen.

Als weitere Einrichtungsgegenstände kommen zahlreiche mindestens fingerdicke griffige Kletteräste in Frage. Diese werden sorgfältig in das Terrarium integriert, so daß sie von den Tieren leicht zu erklettern und nicht aus ihrer Verankerung zu heben sind. Die Äste sollten weder morsch noch zu glatt sein. Ideal sind auch dünne Korkröhren, da sie sich hervorragend als Kletteräste eignen und gleichzeitig noch als Versteck dienen. Mit Beton ausgefüllt, bieten sie einen stabilen und unverrottbaren Baumstammersatz. Optisch sehr schön sind auch größere alte Wurzeln. Sie bieten wiederum zahlreiche Versteckplätze und den Kornnattern gleichzeitig Raum zum Klettern. Natürlich müssen alle Äste, Steine und Wurzeln, die aus der Natur entnommen werden, vor dem Einbringen in das Terrarium gründlich gereinigt und getrocknet werden, um ein Einschleppen von Schnecken, Asseln, Tausendfüßlern oder Drahtwürmern zu verhindern.

Eine der wichtigsten Aufgaben dieser Einrichtungsgegenstände ist es, den Kornnattern die sich periodisch wiederholenden Häutungen zu erleichtern. Diese können nur dann problemlos durchge-

Terrarium

führt werden, wenn rauhe Gegenstände das Aufreißen der alten Haut an den Lippenrändern unterstützen und es den Schlangen ermöglichen, die Haut durch Hindurch- oder Entlangkriechen an Steinen oder Ästen abzustreifen.

Die Bepflanzung des Terrariums spielt für die Kornnattern nur eine untergeordnete Rolle. Wer zum Beispiel *Elaphe guttata emoryi* in einem schön gestalteten Felsterrarium pflegt, kann ebenso wie bei der Pflege im Sterilterrarium auf eine Bepflanzung verzichten. Zweifelsohne lassen sich jedoch die Savannenterrarien optisch durch eine dezente Bepflanzung mit größeren Sukkulenten (keine stacheligen Arten) deutlich aufwerten.

Eine geographische Einheit zwischen Pflanzen und Tieren herzustellen, ist für die artgerechte Haltung nicht notwendig, für den gewissenhaften Liebhaber jedoch oft ein besonderes Anliegen.

Zur Bepflanzung eines Terrariums für die Nominatform eignen sich robuste Bäume und Sträucher, wie zum Beispiel ein verzweigter *Ficus benjamini*. Auf eine Bepflanzung mit kostbaren und empfindlichen Pflanzen sollte man verzichten, da die Kornnattern in der Lage sind, diese auf Dauer durch ihr Gewicht zu schädigen.

Alle Terrarienpflanzen müssen regelmäßig gegossen werden und sind daher zweckmäßigerweise in einen größeren Übertopf zu pflanzen, der dann geschickt im Bodengrund eingesetzt wird. Nur so läßt sich das Durchfeuchten des Bodensubstrates verhindern.

Auch für ausreichendes Licht ist zu sorgen. Der ideale Pflanzenstandort ist immer der hellste Platz im Terrarium. Bei einer Lichtunterversorgung bekommen die Pflanzen lange und dünne Triebe, die leicht abbrechen können und ein unvorteilhaftes Aussehen zur Folge haben.

Bei einem Schädlingsbefall ist gegebenenfalls die ganze Pflanze aus dem Terrarium zu entfernen, denn ein Einsatz auch von sogenannten natürlichen Insektiziden ist immer bedenklich und sollte daher nur im Krankheitsfall der Kornnatter selbst vorgenommen werden (siehe Krankheiten). Nicht zuletzt aus diesen Gründen bieten sich auch die im Fachhandel angebotenen Kunststoffpflanzen an. Durch das mittlerweile große Sortiment können auch mit diesen Nachbildungen sehr ansprechende Akzente geschaffen werden.

Zeichnung: Marianne Hoffmann

Stets sollte eine Trinkschale mit frischem Wasser zur Verfügung stehen. Man hat eine große Auswahl an unterschiedlichen Behältern, von selbstmodellierten und gebrannten Tonschalen bis zu Trinkschalen für Kleinsäuger.

Wichtig ist nur, daß sie leicht entnehmbar, gut zu reinigen und zu desinfizieren sind. Im Anschluß an die Reinigung mit Desinfektionsmitteln sind die Behälter gründlich mit klarem Wasser abzuspülen.

7.1 Terrarientechnik

Ohne den Einsatz moderner technischer Hilfsmittel wäre das Betreiben eines Terrariums heute kaum noch denkbar. Als erstes zu nennen ist die elektronische Zeitschaltuhr, mit der nahezu die gesamten sich täglich wiederholenden Arbeiten automatisiert werden können. Mit ihrer Hilfe lassen sich die Beleuchtung, die Heizung und zum Beispiel die Belüftung mittels Ventilator ein- und ausschalten. Ohne sie wäre die Steuerung nur eines Terrariums bereits eine tagesfüllende Aufgabe und das Betreiben einer ganzen Terrarienanlage wohl kaum noch zu bewältigen. Weitere Vorteile sind, daß man auch mal getrost in den Urlaub fahren kann, ohne daß täglich jemand die elektrischen Geräte ein- und ausschalten muß. Ferner führt die dadurch erzielte Gleichmäßigkeit zu einer dem Wohlergehen der Kornnattern sehr vorteilhaften Gewöhnung. Durch die Abnahme dieser "lästigen" Arbeiten erhält der Terrarianer genügend Zeit zum Beobachten seiner Tiere. So verbleiben als einzige regelmäßige Arbeiten nur noch das Versorgen der Futtertiere, die Fütterung und das Reinigen der Terrarien.

Noch besser als Zeitschaltuhren lassen sich Computer zum Betreiben und Überwachen eines Terrariums oder einer ganzen Anlage einsetzen. Mit ihrer Hilfe kann man nicht nur die täglichen Funktionen steuern, sondern gleichzeitig ganze Jahresabläufe, wie zum Beispiel die sich ändernde Photoperiode und die sich jahreszeitlich ändernden Temperaturen.

Weitere technische Hilfsmittel sind elektronische Thermostate, die die Heizung steuern, die aber zum Beispiel auch bei insgesamt zu hoher Raumtemperatur die gesamte Beleuchtung sicherheitshalber abstellen, um einen weiteren Temperaturanstieg zu verhindern.

Wie schon gesagt, spielt die Beleuchtung für die Kornnattern nur eine untergeordnete Rolle. Sie dient hauptsächlich zum Erkennen des Tag-Nacht-Rhythmus und somit zur Steuerung der Ruhe- und Aktivitätsphasen. Wichtig ist die Beleuchtung aber für die Bepflanzung, die daher immer an der hellsten Stelle im Terrarium plaziert sein sollte.

Ideal zum Ausleuchten von Terrarien sind hochwertige Leuchtstoffröhren. Mit Hilfe eines guten Reflektors läßt sich die Lichtmenge noch um bis zu 40% steigern. Geeignete Beleuchtungskörper sind Röhren der Serie lumilux von Osram und die Philips-TL-Serie. In der letzten Zeit sind vermehrt neue Röhrenarten und -farben mit sehr sonnenlicht-ähnlichen Farbspektren und hoher Lichtausbeute auf den Markt

Technik

gekommen. Daher sollte man sich vor jedem Kauf über die verschiedenen Möglichkeiten informieren.

Sehr vorteilhaft sind elektronische Vorschaltgeräte, die die Leuchtstoffröhren mit einer hohen Hertzzahl betreiben. Hervorzuheben ist die deutliche Energieeinsparung, durch die sich schon nach einiger Zeit die hohen Anschaffungskosten amortisiert haben. Ferner springt die Röhre bei jeder Zündung sofort an, und es werden keine Starter benötigt. Das lästige Flakkern der Röhre entfällt, was auch gleichzeitig eine höhere Lebensdauer der Leuchten mit sich bringt. Wer die Vorschaltgeräte jedoch zum Beheizen des Terrariums verwenden will, sollte besser bei den herkömmlichen Geräten bleiben, die deutlich mehr Wärme abstrahlen.

Bei der Auswahl der Lichtfarbe sollte man möglichst auf Röhren mit einem dem Sonnenlicht ähnlichen Farbspektrum zurückgreifen. Sehr angenehm für das menschliche Auge ist eine Kombination der Lichtfarben Warmton und Tageslicht.

Da es sich bei den Kornnattern um wechselwarme Tiere handelt, die von ihrer Umgebungstemperatur abhängig sind, kommt der Heizung eine ganz entscheidende Bedeutung zu. Die Nattern benötigen immer einen ganz spezifischen Temperaturbereich, in dem die wichtigsten Körperfunktionen ablaufen und in dem sie ihr gesamtes Verhaltensrepertoire zeigen. Um den Kornnattern eine eigene Thermoregulation zu ermöglichen, sollte immer ein gewisses Temperaturgefälle im Terrarium vorhanden sein. Dies ist problemlos zu erreichen, indem nur ein Teil des Behälters beheizt wird. Ferner benötigen die Schlangen noch eine gewisse Tag-Nacht-Schwan-

kung und, nicht zu vergessen, einen ausgeprägten Jahresrhythmus zum Wohlbefinden.

Am einfachsten beheizt man das Terrarium von unten mit einer Heizplatte, Heizmatte oder anderen speziell für Terrarien entwickelten Heizgeräten, die nur eine milde, aber ausreichende Wärme abgeben. Es ist zu beachten, daß derartige Vorrichtungen immer nach unten isoliert werden, um dadurch einen unnötigen Wärmeverlust zu verhindern. Eine weitere Möglichkeit, die Terrarien von unten zu erwärmen, sind die bereits angesprochenen Vorschaltgeräte der Leuchtstoffröhren. Auf diese Weise erwärmt die Abwärme der Beleuchtungseinheiten die Terrarien und verpufft nicht ungenutzt im Zimmer. Durch die Bodenheizung läßt sich das Terrarienklima, insbesondere die relative Luftfeuchtigkeit gut dosieren. Bringt man die Heizung unter feuchtem Bodensubstrat oder der Wasserschale an, so steigt sie. Dagegen sinkt sie, wenn trockene Bodenpartien erwärmt werden. Wenn die Weibchen nach einem geeigneten Eiablageplatz suchen, wählen sie gerne etwas erwärmte Bodenpartien, in denen ihnen die Substrattemperaturen gesichert erscheinen.

Kann man die Heizung nicht unterhalb des Terrariums anbringen, so muß man sie gezwungenermaßen im Terrarium verlegen. Auch hier hat man wieder mehrere Möglichkeiten. Bestens geeignet sind sogenannte Heizsteine, die eine milde Oberflächentemperatur abgeben. Nicht ganz so unproblematisch sind Heizkabel. Sie sollten vollständig in einer Silikonummantelung eingeschlossen sein und immer direkt auf dem Boden verlegt werden. Dafür räumt man das gesamte Substrat aus dem Terrarium heraus und verlegt das Heizkabel, indem man es mit einem Klebeband fest am Boden sichert. Ein nachträgliches Einbauen im Terrarium, ohne dieses dafür auszuräumen, erfordert sehr viel Geschick und Nerven. Immer wenn man ein Ende im Bodengrund versenkt hat, zieht man es mit dem nächsten Stück wieder heraus. Leider schaffen derartige Vorrichtungen auch eine ganze Reihe von Gefahrenquellen.

So muß zum Beispiel die Stelle, an der das Kabel ins Terrarium eingeleitet wird, sorgfältig mit Silikon abgedichtet werden, um ein Entkommen der Schlangen und der Futtertiere (Mäuse) zu verhindern. Auch fressen Mäuse hin und wieder die Silikonummantelung des Heizkabels oder anderer stromführender Kabel an, wodurch diese an einigen Stellen offen liegen können. Besonders im Zusammenhang mit Wasser ist daher größte Vorsicht geboten.

8. Ernährung

In der Natur ernähren sich die Kornnattern je nach Herkunft und Größe von den unterschiedlichsten Beutetieren. Zum Beutespektrum gehören Echsen wie die sehr häufigen Skinke, aber auch Mäuse, Ratten, kleine Kaninchen, Fledermäuse und Vögel. In der amerikanischen Literatur findet man Hinweise darauf, daß vor allem Jungschlangen Wirbellose fressen sollen. Dies konnte durch eine ganze Reihe von Versuchen im Terrarium jedoch nicht bestätigt werden (BRÖER, mündl. Mitt.). Ihre Beute ergreifen die Schlangen mit dem Kiefer und erdrosseln sie, indem sie sie durch mehrere Windungen umschlingen. Ist die Beute bewegungslos, läßt die Kornnatter von ihr ab und bezüngelt sie sorgfältig. Dann wird sie mit dem Kopf voran verschlungen. Das Verschlingen erfolgt durch einen schlangentypischen Mechanismus. Durch die Beweglichkeit der Unterkieferknochen gegen das Gaumendach wird durch abwechselndes Verschieben dieser Elemente die Beute langsam im Maul nach hinten geschoben. Gleichzeitig spreizen sich die Unterkieferknochen immer weiter auseinander, so daß sie einen großen Trichter bilden. Ist das Beutetier an der Rachenöffnung angelangt, wird es mittels wellenförmiger Bewegungen der Wirbelsäule in die Speiseröhre geschoben.

Im Terrarium füttert man die Kornnattern am einfachsten mit Mäusen (Labormäuse) und Hühnerküken. Sind die Mäuse hochwertig und abwechselungsreich ernährt worden, benötigt man keinerlei Futterzusätze. Lediglich während der Trächtigkeit sollten die Weibchen einmal pro Woche etwa fünf Tropfen Multimulsin (Vitaminpräparat) erhalten. Dieses wird der Futtermaus unterhalb der Schwanzregion ins Fell getropft, damit die Schlangen es beim Verschlingen nicht gleich schmecken. Noch günstiger ist es, einer toten Maus das Präparat zu

Ernährung

injizieren. Wie alle Schlangen haben auch die Kornnattern eine Vorliebe für wilde Mäuse. Der große Nachteil bei der Verfütterung dieser Tiere besteht in der relativ hohen Infektionsgefahr, so daß wild gefangene Kleinsäuger nur in Ausnahmefällen verfüttert werden sollten.

Für den normalen Ablauf der Verdauung ist stets eine optimale Umgebungstemperatur Voraussetzung. Dazu benötigen die Kornnattern etwa Temperaturen von 25 bis 30 °C. Zwar nehmen insbesondere recht hungrige Tiere auch bei kühleren Temperaturen Nahrung zu sich, doch erbrechen sie sie häufig noch annähernd un-

In S-Form verharrt die Kornnatter bis zum Zustoßen auf das Beutetier. Foto: Matthias Schmidt

Sofort nach dem Zugriff umschlingt die Schlange ihr Opfer. Foto: Matthias Schmidt

44

Ernährung

Eingewöhnte Kornnattern bereiten bei der Fütterung keinerlei Probleme, so daß Beutetiere ohne zu zögern ergriffen und umschlungen werden. Die abgebildete *Elaphe g. guttata* hat den Würgegriff bereits gelöst und mit dem Verschlingen der Beute begonnen.
Foto: Matthias Schmidt

Ernährung

Erst nachdem sich das Beutetier nicht mehr bewegt, werden die Schlingen gelöst, und die Schlange beginnt zu fressen.
Foto: Matthias Schmidt

verdaut einige Tage später. Durch eine Temperaturerhöhung in den Normalbereich läßt sich dies jedoch leicht verhindern. Auch durch die Gabe von Bird-Bene-Bac (nach Dosieranweisung) läßt sich, vorausgesetzt das Erbrechen ist nicht durch eine Magen- oder Darminfektion begründet, die Verdauungstätigkeit positiv beeinflussen.

Eine viel diskutierte Frage beschäftigt sich damit, ob adulte Mäuse lebend oder tot verfüttert werden sollen. Oft wird für die Verfütterung toter Mäuse angeführt, daß lebende Exemplare imstande wären, die Kornnattern zu verletzen. Dies ist zwar richtig, aber die Wahrscheinlichkeit dafür ist eher gering. Trotzdem sollte die Fütterung immer kontrolliert werden und gegebenenfalls nicht gefressene Mäuse später wieder aus dem Terrarium entfernt werden. Anderenfalls kann es durchaus einmal vorkommen, daß die Kornnattern durch Annagen verletzt werden. Sollten die Futtertiere nicht aus dem Terrarium zu fangen sein, so kann man versuchen, Verletzungen dadurch zu verhindern, daß man etwas Nagetierfutter ins Terrarium gibt.

Eine wesentliche Erleichterung der Kornnatternpflege stellt die Eigenheit der Tiere dar, daß sie problemlos tote Nahrung annehmen. So sollten zum Beispiel große und wehrhafte Nager (kleine Ratten etc.) in jedem Fall vor dem Verfüttern abgetötet werden. Ferner hat man dadurch die Möglichkeit, sich zeitgleich eine größere Menge an Futtertieren zuzulegen und überzählige Mäuse einzufrieren. Vor dem Verfüttern müssen die Mäuse wieder aufgetaut werden, und zwar möglichst bei Zimmertemperatur. Erst danach legt man sie ins Terrarium. Es ist darauf zu achten, daß die Mäuse vollständig aufgetaut sind, da bei den Schlangen sonst Magen- und Darmerkrankungen auftreten können.

Pflegt man seine Kornnattern paarweise, so müssen diese unbedingt vor jeder Fütterung getrennt werden. Sollten sich zwei Schlangen gleichzeitig in einem Beutetier verbeißen - egal ob es lebendig oder bereits tot ist - werden sie sich sofort um dieses und auch ineinander verschlingen. Dabei spürt jede die Anstrengung der anderen. Da eine Kornnatter die gefaßte Beute normalerweise nicht losläßt, bevor diese aufhört sich zu bewegen, verbeißen sich beide Nattern noch mehr in der Annahme, das Beutetier würde noch leben. Bliebe als letztes die Frage, wann und wieviel die Kornnattern fressen? Im Laufe eines Jahres frißt ein adultes Männ-chen ungefähr 25 bis 50 Mäuse, was bei einem durchschnittlich proportionierten Männchen in etwa dem Eigengewicht entspricht. Weibchen fressen etwa 30 bis 75 Mäuse pro Jahr. Die Männchen nehmen genau wie die Weibchen nahezu gleichmäßig über das ganze Jahr verteilt Nahrung zu sich. Nur während der Winterruhe und der Paarungszeit stellen sie für etwa zwei Monate die Nahrungsaufnahme ein. Die Weibchen fressen noch kontinuierlicher und verweigern erst kurz vor der Eiablage für etwa vier Wochen das Futter.

8.1 Mäusezucht

Um die Kornnattern möglichst artgerecht zu ernähren, ist die Versorgung mit kleinen Nagetieren unumgänglich. Diese sind im Fachhandel oder bei Züchtern, die man über Inserate in entsprechenden Zeitschriften findet, erhältlich. Preiswerter und praktischer kann jedoch eine eigene Mäusezucht sein. Leider wird sie aber wegen der nicht unerheblichen Geruchsbelästigung nicht überall möglich sein. Die Zucht kann daher im Regelfall nur in Kellerräumen oder Nebengebäuden betrieben werden. Die Temperaturen sollten dort zwischen 19 und 23°C liegen und die Lichtverhältnisse etwas gedämpft sein. Mäuse stellen leicht vermehrbare Futtertiere dar, und ihre Ansprüche an die Pflege sind recht gering. Zudem weisen sie hervorragende Fortpflanzungsergebnisse auf. Die Tiere erreichen zwar schon im Alter von vier bis sechs Wochen die Geschlechtsreife, doch zur Zucht sollten sie erst in einem Alter von sieben bis acht Wochen eingesetzt wer-den. Nach einer nur 18 bis 24 Tage dauernden Tragzeit bringen die Weibchen 1 bis 18 Junge zur Welt. Im Durchschnitt liegt die Anzahl pro Wurf bei 9 bis 15 Tieren.

Das Angebot an Zuchtstämmen und -varianten ist enorm. Bewährt haben sich die sogenannten weißen Mäuse und die Farbmäuse, die überall im Zoofachhandel erhältlich sind. Die Farbmäuse eignen sich besonders zur Aufzucht der Kornnattern, da ihre Jungen deutlich kleiner sind als die der weißen Mäuse. Auch an Käfigen hält der Handel eine größere Auswahl bereit. Für die Zucht haben sich die speziell hierfür entwickelten Kunststoffwannen aus Makrolon bewährt. Diese leicht zu reinigenden und zu desinfizierenden relativ bruchsicheren Wannen werden mit einem grobmaschigen Edelstahldeckel dicht verschlossen. Da unterschiedliche Modelle auf dem Markt sind, ist bei der Anschaffung unbedingt darauf zu achten, daß der Deckel für Mäuse nicht zu grobmaschig ist. Im

Überwinterung

Deckel befindet sich eine Vertiefung, in die die passende Trinkflasche und das Futter gefüllt werden.

Die Einrichtung sollte aus einer höheren Substratschicht - etwa zwei Zentimeter Katzenstreu (zur Geruchsbindung) und darauf etwa drei Zentimeter Sägespäne sowie etwas Heu - bestehen. Ausreichend Bewegung verschafft man den Tieren mit einem Laufrad, ferner setzt man als Versteck einen kleinen Nistkasten hinein. Bestens bewährt hat sich die Behältergröße von 50x30 cm, in der ein Männchen mit fünf bis acht Weibchen vergesellschaftet werden kann.

An laufenden Arbeiten fallen nur das Reinigen des Behälters (den Zeitpunkt gibt in der Regel die Geruchsbildung vor) und das Versorgen der Tiere mit Futter an. Verfüttert man ausschließlich Preßfutter für Mäuse, zum Beispiel Pellets Diätfutter der Firma Altromin oder Höveler, so reicht es völlig aus, wenn man die Anlage alle paar Tage überprüft und ausreichend Futter nachlegt. Auch die Trinkflasche hält oft mehr als eine Woche vor. Wer größere Mengen an Mäusen benötigt, sollte die Jungen im Alter von etwa drei Wochen von der Mutter entfernen und nach Geschlechtern getrennt großziehen. Weitere und genauere Angaben finden sich unter anderem bei FRIEDRICH & VOLLAND (1981).

9. Überwinterung

Wie alle Schlangenarten, die aus gemäßigten Klimaten stammen, unterliegen auch die Kornnattern den jahreszeitabhängigen Schwankungen der Umgebungstemperatur. So sind die Tiere während kühler oder kalter Winter nicht aktiv, und erst mit Einsetzen des wärmeren Frühlingswetters erwachen die Nattern aus dem Winterschlaf.

Aufgrund des riesigen Verbreitungsgebietes dieser Art ist es nicht verwunderlich, daß nicht alle Kornnattern überwintert werden müssen. Nur Schlangen aus Gebieten mit langen und kalten Wintern, wie die nördlichen Formen, und alle Tiere aus Hochlagen sollten eine lange und kühle Überwinterungsphase durchlaufen. Die meisten Kornnattern stammen jedoch aus Gebieten mit milden Wintern und brau-

chen daher keine drastische Temperaturabsenkung. Oft reicht es aus, wenn die Raumtemperatur während der Wintermonate spürbar absinkt und die Beleuchtungsperiode reduziert wird. Wie Freilandbeobachtungen gezeigt haben, legen auch die Kornnattern aus dem Süden der USA während milder Winter keine Winterpause ein.

Bereits im Herbst verzichten viele Kornnattern, unabhängig von der Temperatur, auf eine weitere Nahrungsaufnahme. In der Natur suchen sie nun ihre Überwinterungsplätze auf. In wärmeren Gegenden sind dies hohle Bäume, verrottete Laubhaufen und in kälteren Gegenden tiefe Erdhöhlen oder Spalten und Löcher im unteren Wurzelbereich der Bäume.

Im Terrarium hat man es da sehr viel ein-

Überwinterung

facher. Durch Verkürzung der Beheizungs- und Beleuchtungsdauer senkt man im Spätherbst die Temperatur. Nach einiger Zeit kann dann auf jegliche Wärmezufuhr verzichtet werden. Dieser Vorgang sollte etwa Ende November beginnen. Während der "kühlen" Zeit liegen die Temperaturen ungefähr bei 12 bis 18°C, so daß die Schlangen keine nennenswerte Aktivität mehr zeigen und die meiste Zeit in ihren Verstecken verbringen. Auf eine weitere Fütterung kann vollständig verzichtet werden, da die Kornnattern unter diesen Bedingungen keinerlei Nahrung zu sich nehmen. Haben die Tiere erst kurz vor dem Einleiten der Winterruhe gefressen, sollte man mit dem Absenken der Temperaturen warten, bis sie ihren Darm vollständig entleert haben, was durch lauwarme Bäder begünstigt wird. Keinesfalls dürfen die Tiere zu Beginn der Winterruhe abrupten Temperaturschwankungen ausgeliefert sein. Es ist darauf zu achten, daß die Temperaturwerte langsam, etwa über einen Zeitraum von zwei bis drei Wochen, abgesenkt werden. Wichtig ist zudem, daß während der gesamten Ruhephase ausreichend frisches Wasser in einer Schale angeboten wird.

Nach etwa drei Monaten ist die Winterruhe beendet, und die Temperaturen können langsam erhöht werden. Damit beginnt man etwa Anfang März, so daß gegen Ende März wieder die normale Haltungstemperatur erreicht ist. Sobald die Temperaturen auf über 20°C steigen, zeigen die Schlangen wieder ihre typische Lebhaftigkeit.

Schwieriger gestaltet sich die Überwinterung von Kornnattern aus den winterkalten Verbreitungsgebieten. Sind die Tiere in einem Terrarium untergebracht, in dem sich die Temperaturen nicht abkühlen lassen, so müssen die Nattern aus den Terrarien herausgefangen und in einen speziellen Überwinterungsbehälter gesetzt werden. Ideal ist ein größeres Terrarium im Keller oder in einem Nebengebäude, in dem die Temperaturen nicht unter 5°C absinken. In den Überwinterungsbehälter gibt man eine 10 cm hohe, leicht feuchte, nicht zu feine Substratschicht. Niemals darf zum Beispiel Torf als Überwinterungssubstrat gewählt werden, da dieser staubt und sich in den Lungen festsetzen und Infektionen hervorrufen kann. Auf das Substrat legt man einige Kletteräste und stellt eine Wasserschale mit frischem Wasser dazu. Eine eventuell erforderliche Beleuchtung sollte nur wenige Stunden eingeschaltet sein, so daß dadurch die Temperaturen nicht erhöht werden. Im Normalfall kann man die nördlichen Kornnatternformen Anfang November "einwintern". In der Regel erwachen sie, natürlich abhängig von den Außentemperaturen, etwa Ende März.

Diese kühle Phase ist eine wichtige Stimulans für das Paarungsverhalten (teilweise unerläßlich) und für den Beginn der Nahrungsaufnahme. Wer Kornnattern nachzüchten will, muß daher immer versuchen, die jahreszeitlich bedingten Schwankungen nachzuahmen, um die Tiere so zur Paarung anzuregen. Wichtig ist auch, daß beide Geschlechter möglichst gleichzeitig überwintert werden, da die kühle Periode nicht nur den Auslöser, sondern auch den Synchronisator des Paarungsverhaltens darstellt.

10. Fortpflanzung

Schon immer war es ein wichtiges Bestreben bei der Haltung von Terrarientieren, diese nicht nur möglichst artgerecht und lange in der menschlichen Obhut zu pflegen, sondern sie außerdem regelmäßig zur Nachzucht zu bringen. Daran hat sich bis heute nichts geändert. Glücklicherweise gehört die Kornnatter zu den Tieren, die sich besonders leicht vermehren lassen und zudem in ihrem natürlichen Lebensraum nicht bedroht sind. Da aber Natur- und Artenschutzgesetze in der Zukunft kaum noch Rückgriffsmöglichkeiten auf Tiere aus der Natur geben, muß auf eine sorgfältige Auswahl der Zuchttiere geachtet werden. Dies bedeutet, daß eine Auslese bei Nachzuchten unumgänglich ist. So sollten alle Tiere mit Mißbildungen oder Behinderungen sowie die Kümmerlinge sofort aussortiert und nicht mehr zur weiteren Zucht verwendet werden.

Ebenfalls in diesem Zusammenhang erwähnt werden muß eine mögliche Genarmut der Nachzuchten, sofern die Zuchttiere gleicher Abstammung sind. Besonders bei der Zucht unnatürlicher Farbvarianten stellt sich durch die Verpaarung verwandter Tiere das Problem der Inzucht. Teilweise nur mit Hilfe dieser Methode erzielen die Züchter in den USA die Tiere mit gewünschten Merkmalen. Dies hängt damit zusammen, daß die meisten Merkmale rezessiver Natur sind und auch häufig von einem abweichenden Individuum herrühren. Leider begünstigt Inzucht nicht nur die erwünschten Farb- oder Mustervarianten, sondern auch zahlreiche unerwünschte Merkmale wie De-

formationen, männliche Sterilität, geringe Lebenskraft und eingeschränkte Lebenserwartung. Einige häufige Farbvarianten wie zum Beispiel die amelanistischen Formen haben mit der Inzucht weniger Probleme als beispielsweise die "Blutnattern". Will man sich ein Zuchtpaar zulegen, so sollte man möglichst keine Tiere aus dem gleichen Wurf nehmen!

Zu den unabdingbaren Voraussetzungen für eine Zucht gehört es, daß man die Geschlechter unterscheiden kann. Es gibt primäre und sekundäre Geschlechtsmerkmale. Als primäre Unterschiede bezeichnet man die eigentlichen Geschlechtsteile. Dies sind bei den Männchen die Hemipenes, die am Ende der Schwanzwurzel sitzen und zur Paarung durch die Kloakenöffnung herausgeschoben werden. Bei den Weibchen sind es die Eierstöcke, die jedoch immer in der Leibeshöhle verborgen liegen.

Will man das Geschlecht einer Kornnatter bestimmen, so geschieht dies am einfachsten durch den Vergleich zahlreicher Tiere. Ein wichtiges anatomisches Merkmal ist die Schwanzform. So verdünnen sich die Schwänze der Weibchen langsam, fast unmittelbar ab der Analspalte, während bei den Männchen, bedingt durch den Sitz der Hemipenes, das erste Schwanzstück noch seine Dicke behält und sich erst einige Zentimeter später zu verdünnen beginnt. Ebenfalls leicht erkennt man das Geschlecht am Verhältnis der Gesamtlänge zum Schwanz. So besitzen die Männchen deutlich längere Schwänze als die Weibchen. Auch am Verhalten während

Fortpflanzung

Teilweise nur durch gezielte Züchtungen entstehen Farbformen und Musterungen wie zum Beispiel bei dieser gestreiften Kornnatter. Foto: Bill Love / Glades Herp, Inc.

der Fortpflanzungszeit kann man das Geschlecht leicht erkennen. Jedoch erfordert dies entsprechende Kenntnisse und Möglichkeiten wie zum Beispiel große Terrarien, in denen die Tiere ihr natürliches Verhalten zeigen.

Es gibt noch zahlreiche weitere Methoden, die jedoch nur von erfahrenen Terrarianern angewendet werden sollten. Da wäre als erstes das vorsichtige Herausmassieren der Hemipenes, was vor allem bei frisch geschlüpften Nachzuchten angewendet wird. Je nach Wachstumsphase ist diese Methode später nicht mehr anwendbar. Durch vorsichtiges Massieren - leichte und langsame Druckbewegungen vom En-

Fortpflanzung

Die Männchen, im Bild eine „Blood Red". haben im Verhältnis zur Körperlänge deutlich längere Schwänze als die Weibchen. Foto: Bill Love / Glades Herp, Inc.

de des Schwanzes in Richtung der Kloakenöffnung - lassen sich die Hemipenes nach außen drücken. (Fehlen sie, deutet dies naturgemäß auf ein Weibchen hin.) Ebenfalls sehr sicher und gültig für Kornnattern aller Altersklassen ist das Sondieren. Dafür wird eine stumpfe Stahlsonde (im medizinischen Bedarfshandel erhältlich) vorsichtig durch die Kloakenöffnung in die Schwanzwurzel eingeführt. Handelt es sich bei der Schlange um ein Männchen, so läßt sie sich deutlich tiefer als bei einem vergleichbaren Weibchen einführen. Aber Vorsicht, es besteht Verletzungsgefahr, und daher sollte das Sondieren nur von einem erfahrenen Terrarianer durchgeführt werden.

Die Fortpflanzungszeit beginnt für die Weibchen nach ihrer ersten Häutung seit Beendigung der Winterruhe, von den Männchen ist dagegen bekannt, daß sie schon vor der ersten Häutung Paarungen ausführen.

Normalerweise ist die Kornnatter von Natur aus Einzelgänger. Nur in den Versteckplätzen der Winterquartiere und während der Fortpflanzungszeit kann man mehrere Tiere zugleich antreffen. Innerhalb der Paarungszeit bewegt sich ein Männchen auf jede andere Schlange zu, die in sein Umfeld kommt. Anhand deren Reaktion bestimmt sich nun sein weiteres Verhalten. Trifft es zum Beispiel auf ein aggressiv reagierendes Männchen, so kann es zu ei-

Fortpflanzung

nem Kommentkampf kommen, bei dem die Tiere ihre Kräfte messen. Die Kontrahenten nähern sich einander mit abgehackten Bewegungen und umschlingen sich dann gegenseitig im Bereich der hinteren Körperhälfte. Oft verändern die Männchen in dieser Umschlingung ihre Position völlig überraschend, so daß man den Eindruck bekommt, sie wollten einander durch Täuschen überwältigen. Von Zeit zu Zeit verhaken sich die Köpfe ineinander, und die Männchen versuchen, sich gegenseitig niederzudrücken. Gelingt dies einem der beiden, so räumt der Unterlegene rasch das Feld.

Anders verhält sich das Männchen, wenn sein Gegenüber keine Reaktion zeigt. Mit Hilfe seiner chemischen Sinne (insbesondere durch das Jacobsonsche Organ) stellt es fest, ob es sich um ein Weibchen der richtigen Art handelt. Nach lebhaftem Züngeln verliert das Männchen recht schnell sein Interesse, wenn es sich um ein nicht paarungsbereites Weibchen oder um eines einer anderen Art handelt. Dies kann man teilweise auch zwischen den Kornnatterunterarten beobachten. So zeigen die Männchen von *Elaphe guttata guttata* kaum eine positive Reaktion auf ein *Elaphe guttata emoryi*-Weibchen. Befindet sich in dem Terrarium aber auch ein *Elaphe guttata guttata*-Weibchen, so verpaaren sich die Männchen auch mit dem *Elaphe guttata emoryi*-Weibchen. Das zeigt, daß allein die vorhandenen Duftstoffe Auslöser für das Paarungsverhalten sein können. In den USA macht man sich dies beim Züchten von neuen Farbvarianten durch Verbastardisierung zunutze. So setzt man zum Beispiel zu einem *Elaphe guttata guttata*-Männchen zu-

nächst ein *Elaphe guttata guttata*-Weibchen. Ist das Männchen nun paarungsbereit, wird das Weibchen einfach ausgetauscht. Durch die überall vorhandenen Pheromone verpaart sich das Männchen meist sofort mit dem neu eingesetzten Weibchen.

Hat das Männchen ein paarungsbereites Weibchen der eigenen Art gefunden, so kriecht es langsam von hinten her auf das Weibchen auf. Wenn es ihren ganzen Körper bedeckt, windet es seinen Schwanz an den ihren und versucht, seine Kloake über ihre zu bringen. Man unterteilt dabei das Werbeverhalten in drei Phasen. Die erste Phase ist die "taktile Verfolgung". Das Männchen berührt das Weibchen mit der Schnauzenspitze und kriecht auf sie. Häufig kriechen auch die Weibchen noch ein Stück voran, immer verfolgt vom Männchen.

Die zweite Phase ist das "taktile Anschmiegen". Während dieses Abschnittes kommt es zu ersten Paarungsversuchen, die von starken Verwindungen der Schwänze begleitet werden.

Die dritte Phase ist die eigentliche Kopulation. Das Männchen führt einen Hemipenis ein und zeigt anschließend nur noch geringe Aktivitäten. Das einzige Anzeichen der Paarung sind langsame Windebewegungen der Schwänze.

Die gesamte Werbephase dauert meist weniger als 20 Minuten und ist somit häufig kürzer als die Kopulationsdauer selbst. Teilweise wurden aber auch schon Paarungen von nur wenigen Minuten Dauer beobachtet.

Während der Fortpflanzungszeit kommt es meist zu mehrfachen Paarungen. Etwa eine Woche nach Beginn der Trächtigkeit

Trächtigkeit

sind die Weibchen nicht mehr paarungsbereit und entziehen sich den Annähe-
rungsversuchen der Männchen. Die
Männchen sind während dieser Zeit noch
sehr aktiv und kriechen häufig unentwegt
durch das Terrarium. Dabei kann es bei
nicht ausreichend gesicherten Behältern
leicht zu Ausbrüchen kommen.

11. Trächtigkeit, Eiablage und Eientwicklung

Wie die meisten Schlangen, sind auch die
Kornnattern eierlegend (ovipar). Das
heißt, die Weibchen legen einige Zeit
nach dem Eisprung die von einer festen
Hülle geschützten Eier ab. Dieser Zeitraum der Trächtigkeit dauert etwa vier
Wochen. In der Regel kann man die
Trächtigkeit der Weibchen daran erkennen, daß diese die Nahrungsaufnahme
einstellen. Ist die Trächtigkeit bereits weiter fortgeschritten, so zeigt sich dies oft
an der gesteigerten Leibesfülle im unteren Körperabschnitt. Etwa 10-14 Tage
vor der Eiablage kommt es in aller Regel
noch zu einer Häutung. Während dieser
Zeit verhalten sich die Weibchen sehr ruhig und verbringen die meiste Zeit in ihren Verstecken. Etwa 8-10 Tage vor der
Eiablage zeigen sie eine erheblich gestei-
gerte Aktivität. Sie durchkriechen nun
fortwährend unter häufigem Züngeln das
Terrarium, um auf diese Weise geeignete
Eiablageplätze zu finden. Ein bis zwei
Tage vor der Eiablage beruhigen sich die
Weibchen wieder und verharren an einer
Stelle, die sie als idealen Eiablageplatz
ausgewählt haben. Dieser Platz liegt
meist auf dem Boden, zum Beispiel unter
einer alten Wurzel, einem Versteckkasten
oder einem größeren Stück gewölbter
Rinde. Wichtig ist dabei nur, daß das dort

liegende Substrat immer leicht feucht ist.
Sollten keine geeigneten Eiablageplätze
vorhanden sein, kann es unter anderem
vorkommen, daß die Weibchen ihr Gelege in den Wassernapf legen oder aber die
gefürchtete Legenot eintritt. Nur selten
legen die Weibchen ihre Eier auf trok-
kenem Substrat oder in ihrem trockenen
Versteck ab. Diese Eier sind häufig unbe-
fruchtet. Interessant zu erwähnen wäre
noch, daß, wenn man mehrere Weibchen
in einem Terrarium pflegt und das erste
einen Eiablageplatz ausgesucht hat, die
anderen Weibchen ihre Eier auch dort
deponieren. Relativ selten kann man beobachten, daß es zu einer vorzeitigen
oder verspäteten Eiablage kommt. Das
ist insbesondere der Fall, wenn es sich um
unbefruchtete Eier handelt. Im allgemeinen erfolgt die Eiablage innerhalb weniger Stunden. Je nachdem, aus welcher
Region die Kornnattern stammen, kann
der Zeitpunkt der Eiablage um bis zu 50
Tage in einem Kalenderjahr schwanken.
Nur sehr selten kommt es zu zwei Eiabla-
gen im selben Jahr. Diese stammen in aller Regel von Tieren aus den südlichen,
sehr warmen Verbreitungsgebieten in
den USA. Die Trächtigkeit verläuft wie
bei der ersten Eiablage. Das Weibchen
legt nach einer kurzen Fastenperiode un-

Eiablage

Gerne legen die Weibchen ihre Eier im Schutz einer Wurzel ab. Zeichnung: Marianne Hoffmann

gefähr zwei Monate nach der ersten Eiablage ihr zweites Gelege ab. Der zweiten Ablage geht häufig eine erneute Paarung voraus. Das Zweitgelege ist wesentlich kleiner, und so liegt die Eizahl im Durchschnitt etwa bei 11 Eiern, bei Erstgelegen dagegen etwa bei 16 Eiern. Das größte jemals dokumentierte Gelege umfaßte 40 Eier, von denen 34 befruchtet waren. Im allgemeinen beträgt die durchschnittliche Eizahl jedoch 10-20 Eier pro Gelege. Die Größe der Eier schwankt von Weibchen zu Weibchen und von Gelege zu Gelege. Auch sind die Eier von *Elaphe guttata emoryi* deutlich kleiner als die von *Elaphe guttata guttata*.

Nach der Befruchtung der Eier im oberen Teil des Eileiters wandern sie in den Mittelbereich, wo sie umhüllt werden. Die eigentliche Eiablage stellt ein sehr belastendes Ereignis für die Weibchen dar. Sie verlieren dabei bis zu einem Drittel ihres Körpergewichtes. Wenn auch noch eine zweite Eiablage erfolgt, kann der Gewichtsverlust bis zu 50% betragen. Aus diesem Grund ist für eine möglichst hochwertige und ausreichende Ernährung Sorge zu tragen, da andernfalls im kommenden Jahr die Fortpflanzung gefährdet ist oder die Weibchen sogar an Entkräftung sterben können. Unmittelbar nach der zweiten Eiablage häuten sich die Weibchen erneut und entwickeln einen kräftigen Appetit. Für den Fall, daß die Weibchen im geschwächten Zustand die Nahrung auswürgen, müssen sie mit kleinen

Eientwicklung

Portionen aufgepäppelt werden. Zu schwache Tiere sollten nicht eingewintert und auch im nächsten Jahr nicht zur Zucht zugelassen werden.

Der Aufbau des Eies ist typisch squamatenhaft. Das Ei besteht aus dem Dotter, dem Chorion, dem Amnion und dem Allantois. Schon zu Beginn der Entwicklung wachsen seitlich die Falten der Eihülle über dem Keimling zusammen, so daß sich eine flüssigkeitsgefüllte Blase bildet, in der der Keim seine Entwicklung durchläuft. Hier von dem Amnion umhüllt, ist der Embryo vor Stößen und Feuchtigkeitsverlust geschützt. Unter der Eischale befindet sich der Chorion als eine Art innere Hülle. Während der Embryonalentwicklung verbindet sich nun der Chorion mit der Allantois zur Chorio-Allantois. Diese extraembryonale Hülle erfüllt verschiedene wichtige Funktionen, wie die Speicherung der verschiedenen stickstoffhaltigen Stoffwechselprodukte, insbesondere der unlöslichen Harnsäure. Ferner dient die Chorion-Allantois als eine Art embryonale Lunge, da sie direkt an der porösen Schale anliegt und durch sie Sauerstoff aufnimmt und Kohlendioxyd abgibt.

Aufgrund einer leichten Kalkauflage haften die befruchteten Eier nach der Eiablage in der Regel aneinander, so daß sie einen zusammenhängenden Haufen bilden. Die Eier können zwar mit größter Sorgfalt voneinander getrennt werden, doch empfiehlt es sich nicht, dieses unnötige Risiko einzugehen.

Für die Zeitigung werden die Gelege immer aus dem Terrarium entnommen und in einen Inkubator überführt. Die Inkubationstemperaturen sollten zwischen 27 und 30°C liegen, wenngleich die Eier der Kornnatter Grenzwerte von 21 bis 32°C vertragen. Bei einer Wärmezufuhr von unten ist darauf zu achten, daß sich kein Kondenswasser im Brutbehälter bildet und auf die Eier tropft. Nasse Stellen sind unbedingt zu vermeiden, da dies leicht zu einem Pilzbefall führen kann. Die Ursache allmählich einfallender Eier ist oft auf eine zu trockene Zeitigung zurückzuführen. Je nach Methode sollte entweder das Substrat nachgefeuchtet oder die relative Luftfeuchtigkeit gesteigert werden. Ist der Embryo nicht abgestorben, so muß sich das Ei innerhalb weniger Tage wieder vollständig aufblähen. Nur selten sterben Eier während der Zeitigung ab, die bei der Eiablage normal aussehen. Meist sind es unbefruchtete Eier, die dann innerhalb weniger Tage einfallen. Gelegentlich kann es aber auch vorkommen, daß die unbefruchteten Eier bis zum Ende der Brut keine Veränderung aufweisen. Insgesamt zeigen die zahlreichen Nachzuchten, daß aus etwa 80 bis 85% aller anfangs gut aussehenden Eier wirklich gesunde Jungtiere schlüpfen. Noch erfreulicher ist die Aufzuchtrate, sie liegt bei erfahrenen Terrarianern bei nahezu 100%.

Die Inkubationszeit (= die Zeit von der Eiablage bis zum Schlupf) ist abhängig von den Klimafaktoren. Das sind sowohl die Feuchtigkeit, die aber bei artgemäßer Zeitigung ausreichend vorhanden ist, so daß sie sich auf die Entwicklungsdauer nicht auswirkt, als auch die Bruttemperatur. Wie schon gesagt, schlüpfen die Jungtiere in einem Temperaturbereich von 21 bis 32°C, doch dauert die Zeitigung bei konstant 21°C, also warmer Zimmertemperatur, etwa 96 bis 100 Tage. Auffallend ist in diesem Fall, daß kleinere Jungtiere schlüpfen, die nur einen Teil des Dotters aufgebraucht haben. Bessere Ergebnisse erzielt man bei höheren Temperaturen. Bei einer Zeitigungstemperatur von tagsüber 26 bis 28°C und nachts 20 bis 22°C benötigen die Schlangen etwa 80 bis 90 Tage. Betragen die Temperaturen 28 bis 32°C, so schlüpfen sie bereits nach 52 bis 60 Tagen. Beim Brüten mit konstanten Temperaturen von über 30°C treten gehäuft Mißbildungen und extrem kleine Tiere auf. Die Entwicklung scheint zu schnell abzulaufen, so daß der Ei-Inhalt nicht aufgebraucht wird.

11.1 Der Inkubator

Da es sehr schwierig ist, die für die Eizeitigung notwendigen Bedingungen im Terrarium zu erreichen, werden die Eier am besten in einem Inkubator gezeitigt. Dafür stehen die unterschiedlichsten Modelle zum Selbstbauen und zum Kaufen zur Verfügung. Ich will hier nur kurz ein gebräuchliches käufliches Modell beschreiben, dessen Einsatz sich besonders bei einer geringen Anzahl an Gelegen lohnt. Es handelt sich um die Jäger-Brutglucke. Sie besteht aus einer runden Styroporbox, die mit einem durchsichtigen, abnehmbaren Deckel verschlossen wird. In diesem befindet sich auch die gesamte Technik, die sich im wesentlichen aus einer Heizspirale und einem durch einen Regler verstellbaren temperaturempfindlichen Schalter zusammensetzt. Während die Heizspirale für die erforderlichen Temperaturen sorgt, stellt der Schalter sich bei Erreichen der gewünschten Temperatur ab und bei Unterschreiten wieder an. Durch einen großen Regler läßt sich der Temperaturbereich verändern. Kontrollieren muß man die Temperaturen selbst mit Hilfe eines Thermometers, das in der Mitte des Deckels steckt. Es wird nun ein Gummiring montiert

Als geeigneter Brutapparat für die Zeitigung der Gelege hat sich die Kunstglucke der Firma Jäger bewährt. Zu beziehen ist das Gerät beim Hersteller Jäger und Pfrommer, Postfach 1227 in 63602 Wächtersbach.

und zwar so, daß sich der Meßbereich in derselben Höhe befindet, in der später die Eier liegen. Vor dem Einbringen der Gelege sollte die Temperatur erst ein paar Tage kontrolliert und wie gewünscht eingestellt werden.

Schlupf

Das Gelege muß vorsichtig aus dem Terrarium entnommen und in eine Dose mit einem leicht feuchten Substrat gebettet werden. Geeignet sind größere, dicht schließende Plastikdosen mit durchsichtigem Deckel, die eine leichte Kontrolle ermöglichen. Als Substrat kann man die unterschiedlichsten Substanzen, wie zum Beispiel Perlite, Sphagnummoos, ein Sand-Torf-Gemisch oder Vermiculite verwenden. Vermiculite ist ein aufgeblähtes Tuffgestein, das in der Pflanzenkultur und auf dem Bau als Isoliermaterial verwendet wird. Zur Brut von Reptilieneiern eignet sich nur unbehandeltes Vermiculite, welches auch für die Pflanzenkultur verwendet wird. Das Substrat weist in etwa die richtige Feuchtigkeit auf, wenn es vollständig mit Wasser getränkt wird und anschließend wieder ein wenig Wasser herausgepreßt wird. Am besten läßt man sich von einem erfahrenen Terrarianer beraten. Etwa alle drei Wochen öffnet man die Dose, wodurch ein ausreichender Gasaustausch gewährleistet wird und das Substrat auf genügend Restfeuchtigkeit geprüft werden kann.

Wer mehrere Schlangen pflegt und somit auch zahlreiche Gelege im Jahr zeitigen muß, dem sei vor allem der Motorbrüter zum Selbstbauen nach BROER & HORN (1985) empfohlen. In ihm benötigen die Eier der Kornnatter bei einer Bruttemperatur von 27°C 61 Tage bis zum Schlupf. Die Schlupfraten lagen bei 85 bis 100% der befruchteten Eier (BROER & HORN 1985).

12. Schlupf und Aufzucht

Der letzte Schritt während der Eientwicklung ist der Schlupf. Mit Hilfe ihres Eizahns, der auf dem Zwischenkieferknochen vorne an der Schnauze sitzt, durchstoßen die jungen Kornnattern die Eihülle, meist indem sie einen oder mehrere Schnitte ausführen. Den Beginn des Schlupfes erkennt man an einer leichten Eindellung der Eier. Nur äußerst selten sieht man, daß Wasser an der Oberfläche austritt. In der Regel bereitet der Schlupf der Jungtiere keine Probleme. Klebt jedoch ein Ei genau auf einem anderen, so muß man das obere vorsichtig entfernen, da die kleinen Schlangen immer die Eioberseite öffnen. Nach dem Anschlitzen der Eischale verharren die Schlüpflinge meist noch bis zu einem Tag in der Hülle, wobei nur der Kopf herausragt. Haben sie sich von den Anstrengungen etwas erholt, verlassen sie das Ei, und sie müssen in ihren Aufzuchtbehälter überführt werden. Am besten werden die Schlüpflinge einzeln gehalten, um dadurch unnötigen Streß zu vermeiden und ihr Wachstum kontrollieren zu können. Unter anderem verhindert man auf diese Weise eine mögliche Ansteckungsgefahr durch Infektionskrankheiten. Auch die Fütterung bereitet so weniger Probleme, da die frisch geschlüpften Babys beim Fressen leicht nervös und heikel sind. Man muß sie oft lange Zeit ungestört lassen, ehe sie zum Beispiel die angebotene Maus zu sich

Schlupf

Bis zu einem Tag verharren die jungen Kornnattern in dieser Position, ehe sie ganz aus dem Ei schlüpfen.
Foto: Bill Love / Glades Herp, Inc.

Aufzucht

Noch auf dem Gelege liegt diese frisch geschlüpfte "Albino-Okeetee-Kornnatter". Um die Tiere möglichst optimal versorgen zu können, sollten sie in Einzelhaltung aufgezogen werden.
Foto: Bill Love / Glades Herp, Inc.

nehmen. Ein weiterer Nachteil der gemeinschaftlichen Aufzucht liegt darin, daß zwei Jungschlangen versuchen könnten, dasselbe Futtertier zu verschlingen, und zwar jeweils vom entgegengesetzten Ende her. Greift man dann nicht rechtzeitig ein, so kann ein Jungtier das andere mitverschlingen. Dies führt bei gleichgroßen Tieren häufig zum Tod des Fressers sowie des Gefressenen.

Die Aufzuchtterrarien sollten dem Behälter zur Pflege der erwachsenen Tiere nachgestaltet sein. Für frisch geschlüpfte Jungtiere ist eine Terrariengröße von

Aufzucht

mindestens L15xT20xH15 cm notwendig. Diese Behälter müssen dem Wachstum der Nachzuchten angepaßt werden. Die einfachste Art der Bodengrundgestaltung ist das Bedecken mit Fließpapier. Dies ist zwar optisch nicht so schön, dafür aber sehr praktisch und hygienisch. Es kann leicht nach jedem Koten ausgetauscht werden, und auf dem trockenen Papier haben Krankheitserreger kaum Überlebenschancen. Weitere geeignete Substrate sind grobe Holzspäne, ein Sand-Torf-Gemisch, Lehmboden, Walderde und Rindenmulch. Jedes dieser verschiedenen Bodensubstrate hat seine Vor- und Nachteile, zum Beispiel hinsichtlich der Fähigkeit, Flüssigkeit zu absorbieren und der Möglichkeit, Verunreinigungen zu entfernen.

Niemals darf eine Trinkschale, die immer mit frischem Wasser gefüllt sein muß, fehlen. Da die Tiere, je nach Bodengrund, das Wasser recht schnell verschmutzen, muß es täglich erneuert werden. Der Wasserbehälter braucht nicht zu groß gewählt zu sein, da die Kornnatternbabys, genau wie die erwachsenen Tiere, nicht gerne baden.

Sehr wichtig sind genügend und gut geschützte Versteckplätze, in die sich die Jungtiere zurückziehen können. Besonders einfach und zugleich zweckmäßig ist es, ein Loch in eine Tonschale zu brechen und diese umgekehrt auf den Bodengrund zu stellen. Der besondere Vorteil dieser Versteckplätze ist die leichte Kontrollierbarkeit. Es eignen sich aber auch kleine Wurzel- oder Rindenstücke. Mit Hilfe eines kleinen Steins, eines verzweigten Kletterastes und einer kleinen Rankpflanze, wie zum Beispiel *Ficus pumila*, läßt sich mit etwas Geschick auch einem derartigen Miniterrarium ein attraktives Aussehen verleihen.

Nicht außer acht zu lassen ist eine ausreichende Wärmezufuhr für die Aufzuchtbecken. Ideal sind Tagestemperaturen um 28°C. Diese sollten zumindest in einem Teilbereich der Terrarien erreicht werden. Man sollte dabei nie vergessen, daß niedrige Temperaturen für die Aufzucht zwar nicht günstig sind, zu hohe aber tödlich sein können! Ein gravierender Nachteil der zu kalten Haltung liegt darin, daß die Babyschlangen oft dazu neigen, ihre Futtertiere wieder auszuwürgen. Dies leuchtet auch ein, wenn man einmal bedenkt, welche Futtermenge die kleinen Nattern in Relation zu ihrem Körpergewicht zu sich nehmen. So beträgt das Gewicht eines Mäusebabys bis zu 25% des Gewichts einer Jungschlange. Liegen die Temperaturen nun nicht im Optimalbereich, so läuft der Verdauungsprozeß nicht schnell genug ab, und die jungen Schlangen neigen eher zum Auswürgen ihrer halbverdauten Nahrung.

Zur Ernährung der frisch geschlüpften Kornnattern eignen sich nestjunge Mäuse ganz hervorragend. Andere Futtertiere sind nicht zu empfehlen, da die Babymäuse anscheinend alle Nährstoffe beinhalten, die die jungen Kornnattern für ihr Wachstum benötigen. Zudem stehen die Artenschutzgesetze einer Verfütterung nicht entgegen. Sind die kleinen Schlangen erst einmal daran gewöhnt, erhalten sie alle zwei bis fünf Tage eine nestjunge Maus. Die Größe der Futtertiere sollte analog zum Wachstum der Kornnattern zunehmen. Sparsameres Füttern schadet

Aufzucht

nicht der Gesundheit, führt aber zu einem langsameren Wachstum.

Doch wie gewöhnt man seine kleinen Kornnattern an das Futter? Die erste Voraussetzung sind ausreichend hohe Temperaturen. Außerdem sollten die Schlangen in recht kleinen Behältern mit einer Grundfläche von etwa 20x20cm untergebracht sein, in denen sie ihr Futter leicht finden können. Wenn möglich, reicht man ihnen das Futtertier direkt in ihr Versteck. Speziell für die erste Fütterung sollte die Maus nicht dicker sein als die Kornnatter selbst. Zu beachten ist, daß die jungen Schlangen nicht vor der ersten Häutung gefüttert werden.

Leider verweigert ein hoher Prozentsatz der Jungtiere am Anfang die Nahrungsaufnahme. In diesem Fall sollte zunächst versucht werden, die Tiere durch eine Optimierung der Haltungsbedingungen zum selbständigen Fressen zu bringen. Auch könnte man außer lebenden oder toten Mäusen zum Beispiel frisch geschlüpfte Zebrafinkenküken anbieten. Hin und wieder reicht es aus, der Schlange mit dem Futtertier in die Flanken zu tippen, so daß diese einen Verteidigungsbiß ausführt und die ergriffene Maus dann auch verschlingt. Herr BRÖER em-

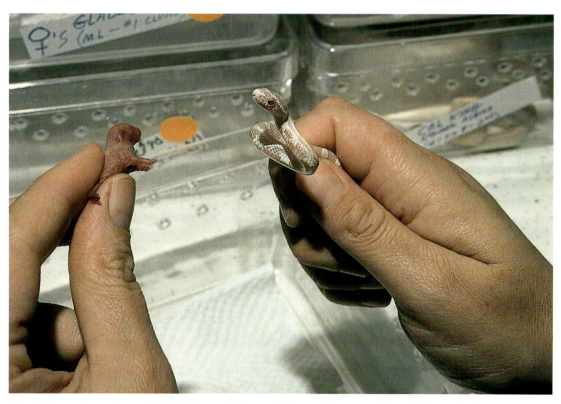

Durch Provozieren kann ein Verteidigungsbiß ausgelöst werden. Foto: Bill Love / Glades Herp, Inc.

Aufzucht

pfiehlt, den Jungschlangen die Maus unter einer drei bis vier cm hohen Schicht aus Laub, Sphagnummoos, Hobelspänen oder ähnlichem Material anzubieten, da die Tiere in dieser geschützten Atmosphäre eher ans Futter gehen. Ein kleiner Trick kann ebenfalls den gewünschten Erfolg herbeiführen: Man reibt die Maus an einer Echse, damit sie deren Geruch annimmt.

Fressen die kleinen Kornnattern trotz aller Versuche nicht innerhalb eines Monats, so müssen die Tiere zwangsgefüttert werden. Da die Zwangsernährung immer mit einem Verletzungsrisiko verbunden ist, sollte sie nur in wirklich schwerwiegenden Fällen und von erfahrenen Terrarianern oder Tierärzten durchgeführt werden.

Noch ein wichtiger Hinweis für alle, die ihre Kornnattern gezielt vermehren möchten: Man sollte sich rechtzeitig auf eine große Anzahl an Nachzuchten einstellen. Das erfordert nicht nur viele Miniterrarien, sondern - häufig viel schwieriger zu beschaffen - eine enorme Anzahl an Futtertieren, die alle paar Tage benötigt werden. Ferner müssen die Futtertiere der Größe der Nachzuchten angepaßt sein. Es sollte sich daher jeder Kornnatternliebhaber schon vor der Zucht fragen, ob er wirklich in der Lage ist, diese Erfordernisse zu erfüllen. Ideal ist die eigene Mäusezucht. Auch im gut sortierten, beziehungsweise auf Amphibien und Reptilien spezialisierten Zoofachgeschäft werden regelmäßig Futtermäuse angeboten. Häufig gibt es auch andere Schlangenliebhaber in der Nähe, die eine umfangreiche Mäusezucht betreiben und somit regelmäßig überzählige Tiere abge-

Verweigern die Kornnattern die Nahrungsaufnahme, führt vielleicht ein Wechsel der Futtertiere zum Erfolg. Werden weiße Mäuse verschmäht, kann es durchaus sein, daß braune angenommen werden.
Foto: Wolfgang Schmidt

ben. Am einfachsten lernt man entsprechende Terrarianer auf Börsen kennen, den Treffen der DGHT-Stadtgruppen oder auch über eine Suchanzeige im DGHT-Anzeigenjournal.

Bei der Anschaffung von Nachzuchten ist es sinnvoll, darauf zu achten, daß die klei-

Farbvariationen und Zuchtformen

nen Schlangen bereits futterfest sind, das heißt, selbständig nestjunge Mäuse verschlingen.

Zum Zeitpunkt des Schlupfes sind die Jungen etwa 20 bis 24 cm lang und fünf bis zehn Gramm schwer. Die Nahrungsaufnahme erfolgt, wenn die Tiere ausreichend warm gehalten werden, mit großer Stetigkeit. Schnellwachsende Jungtiere können bei einer Mahlzeit über 40% ihres Körpergewichtes zu sich nehmen, natürlich nicht in Form nur einer Maus. Innerhalb von zwei Monaten können sie auf diese Weise bereits ihr Gewicht verdoppelt haben. Etwa im Alter von zwei Jahren erreichen die Tiere die Geschlechtsreife. *Elaphe guttata* wird im Terrarium über 20 Jahre alt.

13. Farbvariationen und Zuchtformen

Zusätzlich zu der schon in der Natur vorhandenen beträchtlichen Schwankungsbreite innerhalb der Art und auch der einzelnen Unterarten gibt es noch zahlreiche Pigmentierungs- und Mustervariationen, die größtenteils durch gezielte Zucht im Terrarium herbeigeführt wurden. Besonders in den USA sind diese Züchtungen wesentlich beliebter als die der normal gefärbten Kornnattern.

Es gibt amelanistische Tiere, also Farbvarianten, die nahezu keine braunschwarzen Pigmente (Melanin) mehr besitzen. Lediglich am Rand der sonst roten Iris erscheinen Reste davon. Dieser Farbschlag wird als "Rote-Albino-Kornnatter" bezeichnet. In den USA ist diese rezessiv vererbliche Variante die beliebteste und am häufigsten künstlich nachgezogene Kornnatternform.

Anderen (anerythristischen) Exemplaren fehlen die roten und orangen Farbpigmente. Sie sind das Gegenteil zur vorherigen Variante und werden daher als "Schwarze-Albino-Kornnattern" bezeichnet. In der freien Natur stellen sie einen bedeutenden Bestandteil mancher Populationen in Florida dar.

Dann gibt es noch eine ganze Reihe von Übergangsformen, denen zum Beispiel das Melanin nur teilweise fehlt. Sie haben ganz schwarze Augen, während die Grundfärbung zwischen der von ungewöhnlich hellen "normalen" Tieren und der von amelanistischen variiert. Ferner gibt es noch die "normalen" Albinos, gestreifte Tiere, Exemplare bei denen die Flecken in Form eines Zickzackbandes verschmelzen, nahezu einfarbige Tiere und viele mehr.

Neben diesen, von einfachen genetischen Merkmalen abhängigen Varianten gibt es noch eine ganze Reihe spezieller Züchtungen. Am bekanntesten ist die "Blut-Kornnatter". Diese Variante weist als erwachsenes Tier eine nahezu zeichnungslose dunkle Orangefärbung auf und zeigt anstelle des Schachbrettmusters auf der Bauchseite unregelmäßige orangene Flecken. Eine weitere außergewöhnliche Farbvariante ist die "Okeetee-Kornnatter", deren Grundfarbe einen beträchtlichen

Farbvariationen und Zuchtformen

„Hypomelanistic-Corn"
Foto: Bill Love / Glades Herp, Inc.

„Blizzard-Corn"
Foto: Bill Love / Glades Herp, Inc.

„Black Albino" Foto: Wolfgang Schmidt

„Zigzag-Corn" Foto: Bill Love / Glades Herp, Inc.

„Ghost-Corn" Foto: Bill Love / Glades Herp, Inc.

Farbvariationen und Zuchtformen

Orange-Anteil beinhaltet. Als "Miami-Phase-Kornnatter" bezeichnet man farblich sehr attraktive Tiere mit rot-orangenen Flecken auf grauem Grund, die besonders häufig in der Gegend um Miami zu finden sind. Unter "Snow-Kornnatter" versteht man zum Teil amelanistische und anerythristische Exemplare, die aber noch keine reinen Albinos sind. Die "Ghost-Kornnatter" zeichnet sich durch eine lederfarbene oder rosa Grundfarbe aus.

Die Aufzählung ließe sich noch weiter fortsetzen, doch spielen diese unnatürlichen Zuchtformen im deutschsprachigen Raum nur eine untergeordnete Rolle. Im folgenden Kapitel finden Sie eine kurze Zusammenfassung der gebräuchlichen amerikanischen Bezeichnungen für die einzelnen Varianten. Einen Nachteil all dieser künstlichen Farbschläge sollte man vor einer Anschaffung immer bedenken: Es handelt sich um Tiere, die einer gezielten Inzucht ausgesetzt wurden. Dabei wurden leider auch zahlreiche nachteilige Folgeerscheinungen hervorgerufen, wie zum Beispiel die Zunahme und Verstärkung von Deformationen bei den Jungtieren, eine teilweise große Anzahl an sterilen Männchen und eine enorme Krankheitsanfälligkeit der Schlangen im Vergleich mit den sehr robusten Tieren der normalen Farbvarianten.

"Red Albino" auch "Albino-Okeetee-Phase"   **F**oto: Matthias Schmidt

Farbvariationen und Zuchtformen

Die abgebildete natürliche Variante einer Kornnatter stammt aus der Umgebung von Palatka, Florida.
Foto: Bill Love / Glades Herp, Inc.

Ebenfalls eine natürliche Farbmutation stellt dieses Tier aus der Region um Tampa (Florida) dar.
Foto: Bill Love / Glades Herp, Inc.

Farbvariationen und Zuchtformen

Die Variabilität der Kornnattern ist groß. So treten gelegentlich auch grau-schwarz gemusterte Tiere wie dieses anerythristische Exemplar auf. Foto: Matthias Schmidt

Farbvariationen und Zuchtformen

Tiere, die unter der Bezeichnung "Blood Red" bekannt sind, verdanken ihren Namen der tieforangen Körperfärbung.   Foto: Bill Love / Glades Herp, Inc.

Als amelanistische Kornnattern bezeichnet man Tiere, die eine überwiegend hellrote oder hellorange Grundfärbung zeigen, und zwar ohne schwarze Anteile in der Haut und den Augen.   Foto: Bill Love / Glades Herp, Inc.

Farbvariationen und Zuchtformen

Diese ansprechend gefärbte, als "Miami-Phase" bezeichnete Kornnatter stammt aus Dade County, Florida.
Foto: Bill Love / Glades Herp, Inc.

Farbvariationen und Zuchtformen

Farbvariationen und Zuchtformen

Durch eine graue bis weiße Grundfärbung zeichnet sich die sogenannte "Snow-Corn" aus.
Foto: Bill Love / Glades Herp, Inc.

Besonders beliebt sind amelanistische Tiere, die auch unter den Begriffen "Red Albino" oder "Albino-Okeetee-Phase" bekannt sind.
Foto: Bill Love / Glades Herp, Inc.

Farbvariationen und Zuchtformen

Eine ansprechend gefärbte Kornnatter ist auch die "Okeetee-Corn". Foto: Bill Love / Glades Herp, Inc.

Als "Creamside-Corn" ist diese beigefarbene Variante bekannt. Foto: Bill Love / Glades Herp, Inc.

Amerikanische Bezeichnungen

13.1 Übersicht der gebräuchlichen amerikanischen Bezeichnungen

Albino: Bezeichnung für eine amelanistische Kornnatter.

Amelanistic: Kornnattern ohne schwarze Pigmente in der Haut und in den Augen. Die Schlangen sind in der Regel hellrot oder hellorange gefärbt.

Anerythristic: Kornnattern ohne rote Farbpigmente. Ihre Zeichnung besteht überwiegend aus Grautönen.

Black Albino: Andere Bezeichnung für anerythristische Tiere.

Blood Red: Kornnattern mit ziemlich einheitlicher dunkelorange Färbung und abnormem Bauchmuster.

Candy: Farbvariante mit tief orangeroten Flecken auf weißlichem Grund.

Creamside: Cremefarbene, amelanistische Kornnatter.

Ghost: Lederfarbene oder rosa Variante, gezüchtet aus anerythristischen und hypomelanistischen Mutationen.

Hypomelanistic: Kornnattern mit geringen aber nicht völlig fehlenden schwarzen Pigmenten in der Haut. Sie sind das Resultat einer rezessiven Mutation.

Melanistic: Eigentlich einfarbig schwarze Kornnattern. Der Name wird aber auch gelegentlich für anerythristische Exemplare gebraucht.

Miami-Phase: Graue Tiere mit rot-orangen Flecken.

Motley: Kornnattern, die eine unregelmäßige Ausformung der Rückenflecken aufweisen.

Okeetee: Kornnattern, die einen besonders hohen Orange-Anteil in ihrer Färbung besitzen.

Red Albino: Gelegentliche Bezeichnung für amelanistische Tiere.

Amerikanische Bezeichnungen

Snow: Weißliche Kornnattern. Die Färbung entsteht durch eine Kombination amelanistischer und anerythristischer Merkmale.

Striped: Kornnattern, die anstelle der Fleckenzeichnung Längsstreifen aufweisen.

White Albino: Name, der gelegentlich für die "Snow" gebraucht wird.

Zigzag: Züchtung, bei der die Rückenflecken zu einem Zickzackband verschmolzen sind.

Portrait einer anerythristischen Kornnatter Foto: Wolfgang Schmidt

Krankheiten

14. Krankheiten

Auch Kornnattern können krank werden, und oft ist der Normalterrarianer mit der genauen Diagnose und der anschließenden Behandlung der erkrankten Tiere überfordert. Im folgenden gebe ich allgemeine Hinweise sowie Tips zur Vorbeugung, Erkennung und Behandlung einfacher Erkrankungen.

Glücklicherweise sind inzwischen die meisten, wenn nicht sogar alle im Handel erhältlichen Kornnattern Nachzuchttiere. Diese sind im Regelfall nicht nur die am einfachsten zu pflegenden Schlangen, sondern auch sehr robust und wenig krankheitsanfällig. Doch trotz aller Sorgfalt bei der Pflege und im Umgang mit den Tieren kann es immer einmal zu einer Erkrankung kommen.

14.1 Quarantäne

Die wichtigste Prophylaxe gegen das Einschleppen von Krankheiten ist die Quarantäne für alle Neuzugänge. Ein Quarantänebecken sollte als "Steril-Terrarium" eingerichtet sein. Dafür eignen sich alle leicht zu reinigenden und zu desinfizierenden Glas- oder Plastikaquarien, die mit einem gazebespannten, fest schliessenden Deckel ausgerüstet sind. Man kann aber auch einfache silikongeklebte Glasbecken verwenden. Da der Boden leicht sauber zu halten sein muß und der Bodengrund nach dem Koten immer vollständig entfernt werden sollte, empfiehlt sich nur Fließpapier. Es ist rasch und leicht auswechselbar. Als Desinfektionspräparate eignen sich alle Mittel auf Peroxid- (z. B. Cysoval) oder auf Alkohol-Basis. Anschließend ist der Behälter sorgfältig mit klarem Wasser auszuspülen, so daß keine Rückstände des Desinfektionspräparates mehr vorhanden sind.

Bevor man nun die Schlange in den Quarantänebehälter setzt, sollte sie immer einige Minuten in handwarmem Wasser (ca. 26-28°C) gebadet werden. Dabei müssen äußere Verunreinigungen wie zum Beispiel verhärtete Kot- oder Urinsteinklumpen um die Kloake entfernt werden. Da die Kornnatter nicht freiwillig in dem Badebehälter bleibt, sollte man die ganze Zeit dabeibleiben oder das Becken sicher mit Gaze verschließen.

Handelt es sich bei den Neuzugängen um Importtiere, so werden sie im Regelfall zunächst ausgiebig trinken. Da die Schlangen häufig schon in den USA nicht ausreichend mit Wasser versorgt wurden, leiden sie oft stark an Austrocknung. Es bietet sich daher an, dem Trinkwasser während der ersten Tage eine Elektrolytmischung beizugeben, die es den Tieren erleichtert, das Wasser im Körper zu behalten. Auch mit der Fütterung beginnt man recht vorsichtig und bietet den Neulingen zunächst kleine Futterportionen zum Fressen an. Je nach Zustand der Tiere kann es vorkommen, daß sie, obschon sie sehr ausgehungert sind, nicht freiwillig an das angebotene Futter gehen. In sol-

Quarantäne

chen Fällen ist eine Zwangsfütterung notwendig, die von einem erfahrenen Terrarianer oder Tierarzt ausgeführt werden sollte.

Zur Zwangsfütterung fängt man die Schlange aus dem Terrarium heraus und legt sie auf eine weiche Unterlage. Während man sie mit der einen Hand fixiert und den Kopf niederdrückt, versucht man mit der anderen unter Zuhilfenahme einer stumpfen Pinzette, eines Spatels oder einer Sonde, vorsichtig das Maul zu öffnen. Gleichzeitig schiebt man ein kleines Futtertier oder einen Fleischstreifen (z. B. Herz) in den Schlund. Will man Mäuse stopfen, so müssen diese vorher abgetötet und das Fell zwecks besserer Gleitfähigkeit gut mit Hühnereiweiß getränkt werden. TRUTNAU (1988) empfiehlt als sehr schonende Methode der Zwangsfütterung eine wässrige Lösung aus Eigelb mit Schabefleisch, die mittels einer Gummisonde gegeben wird. Die Sonden, die in der Apotheke in den verschiedensten Größen zu bekommen sind, werden an eine Injektionsspritze angeschlossen. Die mit Eiweiß gleitfähig gemachte Sonde schiebt man in den Rachen der Schlange und spritzt die mit den Vitaminen A, B, C, D und E versetzte Nährlösung ein. Man verabreicht auch hier nur kleine Mengen.

Vom ersten Kot, den die Schlangen in ihrem Quarantänebecken abgesetzt haben, entnimmt man eine Probe, die zum Beispiel zu einer der vier unten genannten Untersuchungsstellen zur kostenpflichtigen Untersuchung eingeschickt wird. Auf diese Weise lassen sich eventuell vorhandene Innenparasiten leicht bestimmen. Üblicherweise erkundigt man sich vor

dem Versenden nach den Bedingungen bei Verpackung, Versand und Kosten, um unliebsame Überraschungen zu vermeiden. Der Kot sollte auf Parasiten aller Art, auch Amöben, untersucht werden. Nachfolgend die Liste der Institute, die kostenpflichtige Kotuntersuchungen durchführen:

- Veterinärmedizinische Fakultät der Universität Gießen, Frankfurter Str. 87 in 35392 Gießen
- Tiergesundheitsamt Hannover, Dr. Röder, Vahrenwalder Str. 133 in 30165 Hannover
- Frau Dr. Renate Keil, Am blauen See 1 in 30629 Hannover
- GeVo Diagnostik, Gesellschaft für medizinische und biologische Untersuchungen mbH, Jakobstr. 65 in 70794 Filderstadt.

Gleichzeitig bittet man immer um Behandlungshinweise. Erhält man als Ergebnis der Kotuntersuchung den Befund "negativ", was soviel bedeutet wie "keine Parasiten gefunden", so sollte man trotzdem nach drei Wochen eine weitere Kotprobe zur Untersuchung einschicken. Erst dann, wenn das Ergebnis wieder negativ ist, hat man ausreichend Sicherheit, eine gesunde Schlange zu besitzen. Nun können die Neuzugänge endlich in ihr eigentliches Terrarium umgesetzt werden. Erhält man jedoch das Ergebnis "positiv", so muß die Schlange entsprechend der erhaltenen Anleitung behandelt werden. Es wird erneut eine Kotprobe zur

Häutungsprobleme

Überprüfung eingesandt. Ist diese negativ, so kann die Schlange in ihr Terrarium gesetzt werden.

Bei den oben genannten Untersuchungsstellen kann man auch um kostenpflichtige Sektion eingegangener Tiere bitten, wenn die Todesursache nicht bekannt, aber von Interesse ist.

Vom Gang zu einem mit Reptilien unerfahrenen Tierarzt kann man nur abraten, weil dieses in der Regel nur den Geldbeutel erleichtert. Leider sind Spezialisten nach wie vor selten. Erfahrene Terrarianer können aber oft mit entsprechenden Adressen weiterhelfen. Auch zoologische Gärten und die AG Amphibien- und Reptilienkrankheiten (Kontaktadresse: Ingo Pauler, Im Sandgarten 4 in 67157 Wachenheim) sind weitere Anlaufstellen.

14.2 Häutungsprobleme

Im Normalfall häutet sich eine gesunde Kornnatter an einem Stück. Das bedeutet, die Schlange löst die Haut vom Kopf her und streift sie an rauhen Gegenständen oder einfach im Geäst ab. Sollten dabei Probleme auftreten, zum Beispiel, daß sich die Haut nicht an einem Stück, sondern nur fleckenweise ablöst, so liegt dies meistens an Haltungsfehlern.

Als Ursache steht an erster Stelle eine zu trockene Haltung, bei der sich die alte Haut nicht vollständig von der neuen ablösen kann. Diese Haltungsbedingungen liegen vor, wenn die Schlangen auf 100% trockenem Substrat bei geringer relativer Luftfeuchtigkeit gepflegt werden. Bei einer derartigen Unterbringung kann es vorkommen, daß die Tiere entgegen ihren sonstigen Gewohnheiten sogar versuchen, ausgiebig in dem Trinkwasser zu baden, um so die benötigte Feuchtigkeit aufzunehmen. Ideal sind eine relative Luftfeuchtigkeit von 60 bis 80% und ein Versteck mit immer leicht feuchtem Substrat.

Genauso schädlich kann sich aber auch eine zu feuchte Haltung auswirken. Hier senkt man die Substratfeuchte, indem man zum Beispiel einige Zeit auf das Gießen der Pflanzen verzichtet. Ist die relative Luftfeuchtigkeit noch immer zu hoch, so sind die Lüftungsflächen im Terrarium zu vergrößern.

Kommt es trotz aller Vorsicht zu unvollständigen Häutungen, so müssen die Hautreste mechanisch entfernt werden. Dafür ist die Schlange in lauwarmem Wasser bei etwa 26 bis 28°C so lange zu baden, bis sich die Haut vollständig gelöst hat und von selbst abfällt beziehungsweise sich abziehen läßt. Beruhen die Häutungsschwierigkeiten auf einer Verletzung, so kann man dem Wasser auch Kamillosan (nach Anleitung) zusetzen.

Im Regelfall löst sich die Haut durch diese Maßnahme vollständig, doch kann es gelegentlich vorkommen, daß Hautreste auf den Augen haften bleiben. Damit sich auch diese lösen, wird die Schlange in ein Gefäß mit kleinen feuchten Schaumstoffwürfeln gesetzt und verbleibt dort bei Temperaturen von 25 bis 28°C ein bis zwei Tage. Ebenso bewährt hat sich das Einreiben der Augen mit einer Fettsalbe. Nach der Behandlung müssen die Reste der Haut unter Umständen vorsichtig mit einer feinen Pinzette abgehoben werden. Damit das Auge nicht verletzt wird, ist es angebracht, einen erfahrenen Terrarianer hinzuzuziehen. Hat sich die Haut auch an anderen Körperstellen noch nicht gelöst, kann man sie mit Vaseline bestreichen und nach einer gewissen Einwirkungszeit versuchen, die Reste manuell zu entfernen.

In diesem Zusammenhang möchte ich noch kurz das glücklicherweise sehr seltene Absterben der Schwanzspitzen erwähnen. Dazu kann es kommen, wenn Häutungsreste am Schwanzende nicht entfernt werden. Auch durch Verletzungen, wie das Einklemmen des Schwanzes,

kommt es zur Beschädigung der Blutgefäße. Diese führt dann zu einer schlechten Durchblutung der Schwanzspitze, was wiederum eine nicht ausreichende Versorgung des Gewebes mit Sauerstoff und eine Ablagerung von giftigen Stoffwechselprodukten bewirkt. Dadurch stirbt das Gewebe des betroffenen Schwanzabschnittes ab. Eine abgestorbene Schwanzspitze erkennt man an ihrer dunklen Färbung und ihrem eingetrockneten Aussehen. Da sich dieses Gewebesterben in der Regel weiter fortsetzt, muß der Schwanz rechtzeitig oberhalb des abgestorbenen Teils, also in dem gesundem Gewebe, amputiert werden. Hierzu sucht man einen geeigneten Tierarzt auf.

14.3 Außenparasiten

Häufig werden Schlangen von Parasiten wie zum Beispiel Milben oder Zecken befallen. Speziell viele der frisch importierten Wildfänge weisen einen starken Befall an Ektoparasiten auf. Es ist unbedingt darauf zu achten, daß diese nicht in einen gesunden Tierbestand eingeschleppt werden. Alle Neuzugänge müssen während der Quarantäne gründlich daraufhin untersucht und gegebenenfalls behandelt werden.

Recht einfach zu entfernen sind **Schildzecken**. Entdeckt man auf einer Kornnatter eine festgebissene Zecke, so faßt man sie am besten mit einer stumpfen Pinzette und dreht sie wiederholt halbkreisförmig nach links und rechts, bis sich schließlich die gelockerten Mundwerkzeuge durch einen leichten Zug während einer Drehung herausziehen lassen. Jede Biß-

stelle sollte anschließend mit einer Antibiotikasalbe bestrichen werden, um Vereiterungen zu vermeiden. Schwierig wird es nur dann, wenn das Mundwerkzeug bei dieser Prozedur abreißt und steckenbleibt. Die verbleibenden Reste müssen unbedingt aus der Haut herausgearbeitet werden, gegebenenfalls ist auch hier wieder ein Tierarzt hinzuzuziehen.

Weitaus schlimmer und häufiger ist ein Befall mit **Milben**. Die lästigsten und bekanntesten sind die Blutmilben der Gattungen *Ophionyssus* und *Liponyssus*. Bei ihnen handelt es sich um kleine bis zu einem Millimeter groß werdende Blutsauger, die sich unter günstigen Bedingungen innerhalb weniger Wochen derart massenhaft vermehren können, daß sie regelrecht über die Schlange herfallen. Man kann beobachten, wie tausende klei-

Außenparasiten

ne, schwarze Punkte auf der Kornnatter umherlaufen. Zwischen ihnen erkennt man winzige weiße Stippchen, die Ausscheidungen der Milben.

Besonders leicht läßt sich ein Milbenbefall nach einer frischen Häutung erkennen. Die Milben werden mit der alten Haut abgestreift, und da sich die Haut bei der Häutung umkrempelt, bleiben die Milben in dem Natternhemd gefangen. Hat sich die Häutung in einem Stück vollzogen, so befreit sich die Schlange vollständig von den Schmarotzern. Doch nur kurzzeitig, denn schon bald haben die im Terrarium verbliebenen Milben die Kornnatter erneut befallen.

Normalerweise können die Milben einer ausgewachsenen und gesunden Kornnatter nicht gefährlich werden. Da die Schlangen jedoch nicht wie die Eidechsen in der Lage sind, sich dieser Quälgeister durch Ablesen zu entledigen, legen sie sich gerne für längere Zeit in das Wasserbecken, das anschließend mit Tausenden im Wasser abgestorbenen Milben übersät ist. Die Kornnattern scheinen einen regelrechten Juckreiz zu empfinden, denn sie werden beim Milbenbefall sichtlich nervös und versuchen, sich dieser Qual aktiv zu entledigen. Natürlich führt das Bad nur zu einer kurzfristigen Erholung. Unter den Schuppen und im Terrarium überleben die Milben ebenso wie ihre Eier, die vermehrt um die Augen und Nasenöffnungen der Wirtstiere abgelegt werden. Nach kurzer Zeit haben sich die Populationen wieder erholt, und die Milben überfallen die Schlange aufs Neue. Es hilft leider nur die chemische Keule.

Wie schon gesagt, ist es am einfachsten, jeden Neuling während der Quarantäne-

zeit auf Milben zu untersuchen und gegebenenfalls zu behandeln. Bewährt hat sich das Tränken eines Leinensäckchens mit einer 0,2% wässrigen Neguvon-Lösung. Dieser Beutel wird anschließend wieder vollständig getrocknet. Erst dann wird die befallene Kornnatter für mehrere Stunden oder eine ganze Nacht darin untergebracht. Die feine Verteilung des Präparates über das ganze Gewebe, unterstützt durch die Bewegung der Schlange im Säckchen, garantieren eine gleichmäßige Giftkonzentration, wodurch die Milben vollständig abgetötet werden. Verschiedene Autoren empfehlen auch, die Schlange direkt mit einer 0,2%igen wässrigen Neguvon-Lösung mit einem feinen Nebel zu übersprühen. Auf diese Weise werden sowohl Zecken als auch Milben abgetötet.

Aber Vorsicht, trotz der positiven Behandlungserfolge und der günstigen Eigenschaft des Neguvons, chemisch instabil zu sein und somit recht bald nach der Anwendung zu zerfallen, kann eine allgemeine Anwendung nicht empfohlen werden. Jede Schlange reagiert anders, und es sind bei einigen Schlangenarten, besonders bei Jungtieren, sogar Todesfälle nach einer Anwendung von Neguvon bekanntgeworden.

Natürlich muß auch das gesamte Quarantänebecken nach einer erfolgreichen Behandlung der Schlangen gereinigt und desinfiziert werden. Die Einrichtung wird vollständig entfernt und durch eine neue ersetzt.

Was macht man aber, wenn die Milben unbemerkt in das endgültige Domizil der Kornnatter gelangt sind? Im Idealfall geht man genauso vor wie während der

Quarantäne. Die Schlange wird in einem Beutel behandelt, das gesamte Terrarium ausgeräumt, gesäubert, desinfiziert und völlig neu eingerichtet.

Was aber, wenn es sich um ein großes Becken mit einer festen Wandverkleidung und anderen nicht so leicht erneuerbaren Gegenständen handelt? Die Schlange wird wie zuvor separat untergebracht und behandelt. In das Terrarium hängt man nun einen Vapona-Strip und dichtet die Lüftungsflächen für einige Zeit ab. Es kann nicht nur Vapona benutzt werden, sondern jeder Strip mit dem Wirkstoff Dichlorvos ist geeignet. Nach mindestens einem Tag entfernt man den Vapona-Strip und lüftet das Terrarium über mehrere Tage, ehe man die Schlange zurück in ihr Terrarium setzt. Wichtig ist, daß während der Anwendung des Vapona-Strips eine möglichst niedrige relative Luftfeuchtigkeit in dem Terrarium vorherrscht. Keinesfalls dürfen die Schlangen zu dieser Zeit in dem betreffenden Terrarium oder in dessen Nähe untergebracht sein.

14.4 Verletzungen

Trotz sorgfältigster Pflege kann es hin und wieder vorkommen, daß sich die Schlangen verletzen beziehungsweise von Futtertieren verletzt werden. Die entstandenen Wunden sollten immer sofort gesäubert (Schmutz entfernen und ausspülen) und anschließend desinfiziert werden. Geeignete Präparate sind Betadine, Betaisadona und eine Gentianaviolett-Lösung (5% Gentianaviolett in 70% Alkohol gelöst, in der Apotheke mischen lassen). Verletzte Tiere sollten ausschließlich auf sauberem Grund gehalten werden. Ist die Verletzung bereits älteren Datums, oder hat sie sich bereits entzündet, so sollte ein fachkundiger Tierarzt zur Sanierung beigezogen werden.

Eine typische leichte Verletzung, die auf falsche Haltung zurückzuführen ist, ist eine Verletzung der Schnauze. Werden die Schlangen in zu kleinen Terrarien gepflegt, kann es vorkommen, daß sie bei Ausbruchsversuchen unablässig mit der Schnauze gegen die Seitenwände und den Deckel stoßen und sich dabei im Kopfbereich verletzen. Bemerkt man ein derartiges Verhalten, so sollte die Schlange in ein größeres Terrarium gesetzt werden. Ist die Schnauzenspitze bereits in Mitleidenschaft gezogen, so ist sie täglich und zwar bis zur vollständigen Abheilung der Wunde mit Gentianaviolett zu bestreichen.

14.5 Maulfäule

Unter Maulfäule (*Stomatitis ulcerosa*) versteht man eine bakterielle Infektion des Zahnfleisches. Als Verursacher wurden eine ganze Reihe von Bakterien iso-liert, unter anderem Erreger der Gattung *Pseudomonas*, *Aeromonas* und *Proteus*. Maulfäule wird oft durch einen allgemeinen Schwächezustand oder eine nicht art-

Maulfäule

gerechte Haltung der Schlangen hervorgerufen. Auch eine Verletzung im Kieferbereich kann die Maulfäule als Sekundärinfektion nach sich ziehen. Teilweise werden auch monotone Haltungsbedingungen, wie eine nicht ausreichende Nachtabsenkung der Temperaturen als Ursache angegeben. Durch das Fehlen von Reizen (Temperaturveränderungen) wird das Immunsystem der Tiere nicht ausreichend angeregt.

Erste Kennzeichen einer entstehenden Maulfäuleinfektion sind gerötete und später blasse Maulschleimhäute. Es handelt sich im jetzigen Stadium noch um eine Maulschleimhautentzündung, die leicht zu bekämpfen ist. In diesem Fall sollte die Schleimhaut mit Hilfe eines Wattestäbchens mehrmals täglich bis zur vollständigen Heilung mit einem Rachen- oder Munddesinfektionsmittel eingepinselt werden. Ebenfalls bestens bewährt hat sich in diesem Stadium der Erkrankung das Einpinseln mit Supronal-Suspension 3% (Bayer vet.) bei gleichzeitiger Gabe von Vitamin A und C. Führt dies nicht zum Erfolg, oder wird die Krankheit erst später erkannt, haben sich vielleicht schon kleine Eiterherde auf der Maulschleimhaut gebildet, aus denen schließlich ein dicker gelber, käsiger Eiterbelag wird. Oftmals folgt eine weitergreifende Zerstörung auch tieferer Gewebeschichten, so daß die Zähne ausfallen können. In ganz schlimmen Fällen können sogar die Schädelknochen angegriffen und zerstört werden. Derartig erkrankte Tiere müssen sofort in Quarantäne gesetzt werden. Zur entsprechenden Therapie sollte immer ein erfahrener Tierarzt hinzugezogen werden. Die Behandlung besteht aus einer Entfernung der Eiterherde mit einem Wattestäbchen oder ähnlichem, sowie aus täglichen oder besser noch öfteren Einpinselungen mit einem Breitbandantibiotikum oder Sulfonamid (dieses muß ein entsprechendes Institut oder ein Tierarzt durch einen Resistenztest bestimmen). Auch kann zu diesem Zweck eine 3%ige Supronal-Suspension eingesetzt werden. Unablässig ist die Gabe eines geeigneten Antibiotikums sowie von Vitamin A und C Präparaten. Sollten die Medikamente nicht oral verabreicht werden können, müssen sie gespritzt werden. TRUTNAU (1988) empfiehlt die dreimalige Verabreichung einer Terramycin-Depot (Oxytetracyclin)-Spritze. Die intramuskulären Injektionen sollten im Abstand von 24 Stunden in einer Dosierung von 25 bis 50 mg pro kg Körpergewicht erfolgen.

14.6 Legenot

Von einer Legenot (Dystozie) spricht man, wenn ein Weibchen nicht in der Lage ist, ihre Eier ohne Hilfe abzulegen. Man erkennt dieses (die Beurteilung erfordert eine gewisse Erfahrung) an der stetigen Unruhe, dem Verweilen an einem geeig- neten Eiablageplatz oder der einsetzenden Wehentätigkeit ohne Eiablage. Diese Legenot kann eine Vielzahl von Ursachen haben. In der Regel handelt es sich um eine Form von Streß, ausgelöst zum Beispiel durch das Fehlen eines geeigneten Eiablageplatzes (falsches Substrat, zu hohe oder zu geringe Feuchtigkeit, zu hohe oder zu niedrige Temperatur, nicht ausreichend geschützte Lage). Aber auch die Anwesenheit weiterer Tiere kann bei sensiblen Weibchen zu einer Legenot führen. Daneben gibt es auch noch physiologische Gründe wie Vitamin- und Mineralstoffmangel, die eine ungenügende Schalenbildung bewirken. Auch eine abnorme Größe der Eier ist als Ursache beobachtet worden. Durch das Verkeilen der übergroßen Eier in der Beckenhöhle des Weibchens hilft in diesem Fall nur noch ein chirurgischer Eingriff.

In den leichten Fällen handelt es sich jedoch meist um vermeidbare Fehler, die in der Regel leicht abzustellen sind. Vorbeugend sollte über das Futter genügend Calcium gegeben werden. Andere Tiere sind aus dem Terrarium zu entfernen und zahlreiche geeignete Eiablageplätze im Terrarium anzulegen.

Ist die Legenot trotz aller Vorsorge eingetreten, besteht die Möglichkeit, über die Anwendung des Wehenhormons Oxytocin die Eiablage einzuleiten. Vor der Oxytocin-Therapie muß jedoch sicher abgeklärt sein, daß die Geburtswege frei sind (keine eingeklemmten, verklebten, rauhschaligen, mißgebildeten oder verletzten Eier, die beim Pressen schwere Eileiterwunden verursachen können). Dies kann nur über eine Röntgenaufnahme geklärt werden. Zur Einleitung der Behandlung wird dem Weibchen zunächst 1 ml je kg Körpergewicht einer 10%igen sterilen Calciumlösung unter die Haut gespritzt (subcutan), um dadurch die Eileitermuskulatur für das Hormon empfindlich zu machen. Nach 30 Minuten wird dann die Oxytocin-Spritze mit 4 IE je kg Körpergewicht intramuskulär gespritzt. In einem Wasserbad oder bei einer Umgebungstemperatur von 28 bis 30°C wird das Weibchen anschließend in absoluter Ruhe gelassen. Nach etwa 30 Minuten werden dann im Normalfall die ersten Eier ausgestoßen. Bei Mißerfolg kann die Behandlung am nächsten Tag wiederholt werden. Kommt es auch danach zu keiner Eiablage, so hilft nur noch die Operation durch einen erfahrenen Tierarzt.

15. Danksagung

Viele Terrarianer haben mich bei meiner Arbeit mit ihrem Wissen unterstützt, und so möchte ich mich ganz besonders bei Herrn Wolfgang Bröer, Dortmund, für die kritische Durchsicht des Manuskripts und für zahlreiche wichtige Hinweise bedanken.

Mein besonderer Dank geht ferner an alle Terrarianer und Herpetologen, die mich durch Informationen, das Besorgen von Literatur sowie deren Übersetzung und das Zurverfügungstellen von Bildern beim Erstellen des Buches tatkräftig unterstützt haben. Folgende seien hier in alphabetischer Reihenfolge genannt: Herr Dr. Wolfgang Böhme, Museum Alexander Koenig, Bonn; Herr Peter Lammers, Havixbeck; Herr Rüdiger Lippe, Dortmund; Herr Bill Love, Glades Herp, Inc., Alva/Florida; Herr Dr. Michael Meyer, Herne; Frau Maria Schmidt, Münster; Frau Gabriele Schrötke, Dortmund; Herr Bernd Schrötke, Dortmund; Herr Heiko Werning, Berlin, und natürlich Herr Matthias Schmidt vom Natur und Tier - Verlag in Münster, der die Realisierung dieses Projektes überhaupt erst ermöglicht hat.

"Okeetee-Phase" aus North Carolina — Foto: Bill Love / Glades Herp, Inc.

16. Literatur

Anderson, P. (1974): The Reptiles of Missouri. - Columbia, Missouri (University of Missouri Press), 330 S.

Aleven, J. M. (1970): Alles über das Terrarium. - Alfred Kernen Verlag, Stuttgart.

Barbour, R. W. (1971): Amphibians and Reptiles of Kentucky. - Lexington (The University Press of Kentucky), 334 S.

Bechtel, H. B. & E. Bechtel (1962): Heredity of albinism in the Corn snake *Elaphe guttata*. - Copeia, Baltimore, (2): 436-437.

Behler, J. L. (1979): The Audubon Society Guide to North American Reptiles and Amphibians. - New York, Chanticleer Press Edition, Alfred A. Knopf.

Bellairs, A. (1971): Die Reptilien. - Editions Recontre, Lousanne, 390-767.

Bischoff, W. (1993): *Elaphe hohenackeri* - Transkaukasische Kletternatter. - In Böhme: Handbuch der Reptilien und Amphibien Europas. Schlangen (*Serpentes*) I. - Aula Verlag, Wiesbaden, 317-330.

Blaney, R. M. (1971): An annotated check list and biogeographic analysis of the insular herpetofauna of the Apalachicola Region, Florida. - Herpetologica, Shreveport (Louis.), 27(4): 403-406.

Böhme, W. (1993): Handbuch der Reptilien und Amphibien Europas. Schlangen (*Serpentes*) I. - Aula Verlag, Wiesbaden.

Böhme, W. (1993): *Elaphe longissima* - Äskulapnatter. - In Böhme: Handbuch der Reptilien und Amphibien Europas. Schlangen (*Serpentes*) I. - Aula Verlag, Wiesbaden, 333-372.

Böhme, W. & N. N. Scerbak (1993): *Elaphe quaturorlineata* - Vierstreifennatter. - In Böhme: Handbuch der Reptilien und Amphibien Europas. Schlangen (*Serpentes*) I. - Aula Verlag, Wiesbaden, 373-396.

Bosch, H. & W. Frank (1983): Häufige Erkrankungen bei im Terrarium gehaltenen Amphibien und Reptilien. - Salamandra, Bonn, 19(1/2): 29-54.

Bowler, J. L. (1979): Longevity of Reptiles and Amphibians in North American Collections. - Philadelphia (Published by the Society for the Study of Amphibiens and Reptiles and the Philadelphia Herpetological Society), 32 S.

Brachtel, N. (1995): Das Portrait. *Elaphe prasina* (Blyth). - Sauria. Berlin, 17(1): 3-10.

Bröer, W. (1978): Bastarde bei zwei *Elaphe*arten. - Salamandra, Frankfurt, 14(2): 63-68.

Bröer, W. (1982): Erfolgreiche Operation an einem Schlangenbastard. - Salamandra, Bonn, 18(1/2): 115-116.

Bröer, W. & M. Engelhardt (1981): Haltung und Zucht einer selten importierten Schlange: *Elaphe helena*. - Salamandra, Frankfurt, 17(1/2): 63-70.

Bröer, W. & H.-G. Horn (1985): Erfahrungen bei Verwendung eines Motorbrüters zur Zeitigung von Reptilieneiern. - Salamandra, Bonn, 21(4): 304-310.

Budde, H. (1980): Verbesserte Brutbehälter zur Zeitigung von Schildkröten-Gelegen. - Salamandra, Frankfurt, 16(3): 63-70.

Cheylan, M. & C. P. Guillaume (1993): *Elaphe scalaris* - Treppennatter. - In Böhme: Handbuch der Reptilien und Amphibien Europas. Schlangen (*Serpentes*) I. - Aula Verlag, Wiesbaden, 397-430.

Conant, R. (1975): A Field Guide to Reptiles and Amphibians of Eastern and Central North America. - Boston, Houghton Mifflin Company.

Cooper, J. E. & O. F. Jackson (1981): Disease of the Reptilia. Vol. 1 und 2. - Academic Press, London.

Ditmars, R. L. (1936): The Reptiles of North America. - New York, Double day & Company, Inc.

Eidenmüller, B. & H.-G. (1985): Einige Nachzuchten und der gegenwärtige Stand der Nachzucht von *Varanus* (*Odatria*) *storri* Mertens, 1966. - Salamandra, Bonn, 21(1): 55-61.

Eidenmüller, B. & H.-G. (1960): Snakes of the World. - The Macmillan Company, New York.

Engelmann, W.-E. & F. J. Obst (1981): Mit gespaltener Zunge. - Herder Verlag, Freiburg, Basel, Wien.

Entzeroth, A. (1991): Bemerkungen zur Systematik sowie zur Haltung und Nachzucht von *Elaphe flavirufa* (Cope, 1867). - herpetofauna, Weinstadt, 13(75): 14-20.

Fleck, J. (1985): Bemerkungen zur Haltung von *Elaphe mandarinus* (Cantor, 1842). - Salamandra, Frankfurt, 21(2/3): 157-160.

Frank, W. (1978): Schlangen im Terrarium. Haltung und Pflege ungiftiger Schlangen. - Franckh´sche Verlagshandlung, Stuttgart.

Friederich, U. & W. Volland (1981): Futtertierzucht. Lebendfutter für Terrarientiere. - Ulmer Verlag, Stuttgart.

Gabrisch & Zwart (1985): Krankheiten der Heimtiere. - Schlütersche.

Geus, A. (1978): Schlangen. - Lehrmeister Bücherei Nr. 167, Albrecht Philler Verlag, Minden.

Gillingham (1979): - Copeia, No. 2: 319-331.

Griehl, K. (1987): Schlangen. Riesenschlangen und Nattern im Terrarium. - Gräfe und Unzer, München.

Groves, F. (1965): Further notes on albinism in the Corn snake, *Elaphe guttata*. - Copeia, Baltimore, (2): 252.

Groves, F. (1969): Some reptile breeding records at Baltimore Zoo. - Int. Zoo. Yearb., 9: 17-20.

Literatur

Grünewald, G., E. Höller & D. Stranz (1982): Länder und Klima: Nord- und Südamerika. - Wiesbaden, Brockhaus.

Hedinger, H. (1968): Die Schlangen. - In Grzimeks Tierleben, Kriechtiere, Band 6, Deutscher Taschenbuch Verlag, München.

Helfenberger, N. (1989): Morphologie und Organtopographie bei Vertretern der Schlangengattung *Elaphe* FITZINGER, 1833 (Reptilia, Serpentes). - Diplomarbeit Universität Zürich, 24 S.

Höggren, M. (1991): Haltung und Nachzucht von *Elaphe hohenackeri* (Strauch, 1873), mit Bemerkungen zur Verbreitung und Habitatwahl. - Salamandra, Bonn, 27(1/2): 46-52.

Holbrook, J. E. (1982): North American Herpetology; A Discription of the Reptiles inhabiting the United States. - Philadelphia, J. Dobson.

Ippen, R., H. D. Schröder & K. Elze (1985): Handbuch der Zootierkrankheiten. Band 1 Reptilien. - Akademie-Verlag, Berlin.

Isenbügel, E. & W. Frank (1985): Heimtierkrankheiten. - Ulmer Verlag, Stuttgart.

Jarofke & Lange (1993): Reptilien, Krankheiten und Haltung. - Paul Parey, Hamburg.

Kahl, B., P. Gaupp & G. Schmidt (1980): Das Terrarium. - Falken Verlag, Niederhausen.

Kantz, H. (1986): Mißerfolge bei der Zeitigung von Reptilieneiern. - Sauria, Berlin, 8(1): 23-24.

Klingelhöfer, W. (1959): Terrarienkunde. 4. Teil: Schlangen, Schildkröten, Panzerechsen, Reptilienzucht. - A. Kernen Verlag, Stuttgart.

König, D. (1985): Langjährige Beobachtungen an der Äskulapnatter *Elaphe longissima* (Laurenti, 1798). - Salamandra, Frankfurt, 21(1): 17-39.

König, R. (1983): Schlangen. Über Bau und Leben faszinierender Tiere. - Zoologisches Museum der Christian-Albrechts-Universität, Kiel.

Kornacker, P. (1988): Bemerkungen zur Biologie, Haltung und Zucht von *Elaphe helena* (Daudin, 1802). - herpetofauna, Weinstadt, 10(57): 27-33.

Krempl, H. (1981): Die Kornnatter. - DATZ, Stuttgart, 34(4): 139-142.

Kundert, F. (1984): Das Neue Schlangenbuch in Farbe. - Albert Müller Verlag, Rüschlikon, Zürich.

Lilge, D. & H. van Meeuwen (1979): Grundlagen der Terrarienhaltung. - Landbuch-Verlag, Hannover.

Matz, G. & M. Vanderhaege (1980): BLV Terrarienführer. BLV-Verlagsgesellschaft, München, Wien, Zürich.

McEachern, M. J. (1991): Keeping and Breeding Corn Snakes. - AFH, Lakeside.

McEachern, M. J. (1991): A Color Guide to Corn Snakes Captive-bred in the United States. - AHF, Lakeside.

Müller, H. (1983): Klima Handbuch ausgewählter Klimastationen der Erde. - Uni. Trier, 347 S.

Niehaus, G. & K.-D. Schulz (1987): Die hinterasiatischen Kletternattern der Gattung *Elaphe*. Teil XI *Elaphe helena*. - Sauria, Berlin, 9(4): 3-7.

Nietzke, G. (1980): Die Terrarientiere. II. Band: Pflanzen im Terrarium, Zucht und Aufzucht, Freilandaufenthalt und Überwinterung. Terrarientiere II: Krokodile, Echsen, Schlangen. - Ulmer Verlag, Stuttgart.

Nietzke, G. (1984): Fortpflanzung und Zucht der Terrarientiere. - Landbuch Verlag, Hannover.

Obst, F. J., K. Richter & U. Jacob (1984): Lexikon der Terraristik und Herpetologie. - Edition Leipzig und Landbuch-Verlag, Hannover.

Obst, F. J., & N. N. Scerbak (1993): *Elaphe dione* - Steppennatter. - In Böhme: Handbuch der Reptilien und Amphibien Europas. Schlangen (*Serpentes*) I. - Aula Verlag, Wiesbaden, 295-316.

Obst, F. J., & N. N. Scerbak & W. Böhme (1993): *Elaphe situla* - Leopardnatter. - In Böhme: Handbuch der Reptilien und Amphibien Europas. Schlangen (*Serpentes*) I. - Aula Verlag, Wiesbaden, 397-430.

Oliver, J. A. (1955): The Natural History of North American Amphibians and Reptiles. - Princeton, Toronto, London, New York, Van Nostrand Company, Inc.

Osborne, S. T. (1985): The captive Breeding of colubrid snakes. - Litt. Serp., Den Haag, 5(2): 23-24.

Parker, H. W. & A. Belllaires (1972): Die Amphibien und die Reptilien. - Editions Rencontre Lausanne.

Parker, H. W. & A. G. C. Grandison (1977): Snakes - a Natural History. British Mus. Nat. Hist., Cornell University Press, Ithaca, London.

Peters, G. (1969): Klasse Reptilia Kriechtiere. In: Urania-Tierreich, Band 4 - Fische, Lurche, Kriechtiere. - Urania-Verlag, Leipzig, Jena, Berlin.

Peters, U. W. (1980): Erfahrungen bei der Pflege und Zucht von Königs- und Rattenschlangen. - Aquarien Terrarien, Berlin, 14(132): 313-317.

Petzold, H. G. (1977): Aufgaben und Probleme bei der Erforschung der Lebensäußerungen der Niederen Amnioten (Reptilien). - Verlag für Biologie und Natur, Berlin.

Petzold, H. G. (1978): *Elaphe guttata emoryi* (BAIRD & GIRARD 1853). Great Plains - Kornnatter. - Aquarien Terrarien, 12: 431.

Petzold, H. G. (1978): *Elaphe guttata guttata* (LINNÉ 1766). Kornatter. - Aquarien Terrarien, 12: 432.

Reichenbach-Klinke, H. H. (1977): Krankheiten der Reptilien. - Gustav Fischer, Jena.

Shaw, C. H. & S. Campbell (1974): Snakes of the American West. - New York, Alfred A. Knopf, Inc.

Schätti, B. (1988): Systematik und Evolution der Schlangengattung *Hierophis* FITZINGER, 1843. - Dissertation Universität Zürich, 50 S.

Literatur

Schmidt, D. (1979): Schlangen im Terrarium. - AT-Ratgeberreihe, Urania-Verlag, Leipzig, Jena, Berlin.

Schmidt, K. P. & R. F. Inger (1973): Reptilien. Knauer´s Tierreich in Farbe. - Droemersche Verlagsanstalt Th. Knaur Nachf., München, Zürich.

Schnitzler, R. (1990): *Elaphe guttata* (LINNAEUS). - Amph./Rept.-Kartei, Sauria Suppl., Berlin, 12 (1-4): 161-168.

Schulz, K. D. (1985): Die hinterasiatischen Kletternattern der Gattung *Elaphe*. Teil I *Elaphe rufodorsata*. - Sauria, Berlin, 7(2): 21-25.

- (1985): Die hinterasiatischen Kletternattern der Gattung *Elaphe*. Teil II *Elaphe climacophora*. - Sauria, Berlin, 7(3): 7-8.

- (1985): Die hinterasiatischen Kletternattern der Gattung *Elaphe*. Teil III *Elaphe schrencki*. - Sauria, Berlin, 7(4): 3-6.

- (1986): Die hinterasiatischen Kletternattern der Gattung *Elaphe*. Teil IV *Elaphe dione*. - Sauria, Berlin, 8(1): 27-30.

- (1986): Die hinterasiatischen Kletternattern der Gattung *Elaphe*. Teil V *Elaphe bimaculata*. - Sauria, Berlin, 8(2): 23-26.

- (1986): Die hinterasiatischen Kletternattern der Gattung *Elaphe*. Teil VI *Elaphe hodgsoni*. - Sauria, Berlin, 8(3): 29-30.

- (1986): Die hinterasiatischen Kletternattern der Gattung *Elaphe*. Teil VII *Elaphe radiata*. - Sauria, Berlin, 8(4): 3-6.

- (1987): Die hinterasiatischen Kletternattern der Gattung *Elaphe*. Teil VIII *Elaphe taeniura*. - Sauria, Berlin, 9(1): 21-30.

- (1987): Die hinterasiatischen Kletternattern der Gattung *Elaphe*. Teil IX *Elaphe quadrivirgata*. - Sauria, Berlin, 9(2): 3-6.

- (1987): Die hinterasiatischen Kletternattern der Gattung *Elaphe*. Teil X *Elaphe flavolineata*. - Sauria, Berlin, 9(3): 21-23.

- (1988): Die hinterasiatischen Kletternattern der Gattung *Elaphe*. Teil XII *Elaphe conspiciliata*. - Sauria, Berlin, 10(1): 21-23.

- (1988): Die hinterasiatischen Kletternattern der Gattung *Elaphe*. Teil XIII *Elaphe moellendorffi*. - Sauria, Berlin, 10(2): 27-29.

- (1988): Die hinterasiatischen Kletternattern der Gattung *Elaphe*. Teil XIV *Elaphe erythrura*. - Sauria, Berlin, 10(3): 17-20.

- (1989): Die hinterasiatischen Kletternattern der Gattung *Elaphe*. Teil XV *Elaphe davidi*. - Sauria, Berlin, 11(1): 21-22.

- (1989): Die hinterasiatischen Kletternattern der Gattung *Elaphe*. Teil XVI *Elaphe perlacea*. - Sauria, Berlin, 11(2): 15-16.

- (1989): Die hinterasiatischen Kletternattern der Gattung *Elaphe*. Teil XVII *Elaphe porphyracea*. - Sauria, Berlin, 11(4): 21-24.

- (1990): Die hinterasiatischen Kletternattern der Gattung *Elaphe*. Teil XIX *Elaphe cantoris*. - Sauria, Berlin, 12(3): 19-20.

- (1991): Die hinterasiatischen Kletternattern der Gattung *Elaphe*. Teil XX *Elaphe frenata*. - Sauria, Berlin, 13(2): 15-17.

- (1992): Die hinterasiatischen Kletternattern der Gattung *Elaphe*. Teil XXI *Elaphe leonardi*. - Sauria, Berlin, 14(1): 11-13.

- (1992): Die hinterasiatischen Kletternattern der Gattung *Elaphe*. Teil XXII *Elaphe carinata*. - Sauria, Berlin, 14(4): 3-13.

Schulz, K. D. & J. Münzenmaier (1990): Die hinterasiatischen Kletternattern der Gattung *Elaphe*. Teil XVIII *Elaphe mandarina*. - Sauria, Berlin, 12(2): 25-29.

Stankowski, B. (1986): Erdnattern (*Elaphe obsoleta*) - ideale Schlangen für den Anfänger. - herpetofauna, Weinstadt, 29-34.

Stebbins, R. C. (1985): A Field Guide to Western Reptiles and Amphibians. - Boston, Houghton Mifflin Aco., 186.

Stettler, P. H. (1981): Handbuch der Terrarienkunde. - Kosmos Verlag, Stuttgart.

Terentjew, P. W. & S. A. Cernow (1949): Opredelitelj presmykajuscijesja i zemnowodnych. - Moskau (Nauka), 183 S.

Trutnau, L. (1988): Schlangen im Terrarium, 1. Ungiftige Schlangen. - Ulmer Verlag, Stuttgart.

Trutnau, L. (1985): Erfahrungen mit der Kornnatter *Elaphe guttata* (Linnaeus, 1766). - herpetofauna, Weinstadt, 7(38): 6-10.

Underwood, G. (1967): A contribution to the classification of snakes. Trust. Brit. Mus., London.

Walls, J. (1995): Kletternattern im Terrarium. - bede-Verlag, Ruhmannsfelden.

Welzel, A. (1981): Durch Nachzucht erhalten: Kornnattern. - Aquarien Magazin, Stuttgart, 4: 255-259.

Wright, A. H. & A. A. Wright (1957): Handbook of Snakes of The United States and Canada. - Ithaca, New York, Comstock publishing Associates.

Zappalorti, R. T. & H. K. Reinert (1994): Artificial Refugia As A Habitat-Improvement Strategy For Snakes Conservation. - In: Murphy, J. B. & al.: Captive Management and Conservation of Amphibians & Reptiles. - Society for the Study of Amphibians and Reptiles, Ithaca, New York: 369-375.

Zimmermann, E. (1983): Das Züchten von Terrarientieren. Franckh´sche Verlagsbuchhandlung, Stuttgart.

NTV Bücher für Ihr Hobby

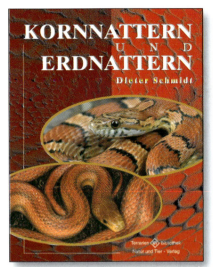

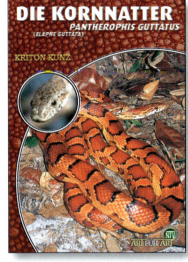

Kornnattern und Erdnattern
D. Schmidt
200 Seiten, 225 Abbildungen
Format: 17,5 x 23,2 cm, Hardcover
ISBN 3-931587-48-7
34,80 €

Die Kornnatter
K. Kunz
64 Seiten, zahlreiche Farbfotos
Format: 14,8 x 21 cm
ISBN 978-3-937285-08-5
9,80 €

Ernährung von Schlangen
D. Schmidt
ca. 160 Seiten
Format 16,8 x 21,8 cm
ISBN 3-937285-51-2
19,80 €

Natur und Tier - Verlag GmbH
An der Kleimannbrücke 39/41 · 48157 Münster
Telefon: 0251-13339-0 · Fax: 0251-13339-33
E-Mail: verlag@ms-verlag.de

www.ms-verlag.de